自治体〈危機〉叢書

自治体財政破綻の危機・管理

加藤　良重

公人の友社

目　次

はじめに………………………………………………………… 5

第1章　破綻にむかう自治体財政
1　膨大な借金の額……………………………………………… 8
　(1)　200兆円の借金残高 …………………………………… 8
　(2)　10兆円超の元利償還 ………………………………… 10
2　著しい財政指標の悪化…………………………………… 11
　(1)　深刻な経常収支比率………………………………… 11
　(2)　警戒ラインの公債費負担比率……………………… 14
　(3)　危うい健全化判断比率 ……………………………… 14
3　ぜい弱な財政力…………………………………………… 16
4　急増する社会保障経費…………………………………… 19
5　巨額な公共施設の更新費用……………………………… 20

第2章　自治体財政破綻にむかわせるもの
1　外部要因と内部要因……………………………………… 24
2　枯渇する財源……………………………………………… 24
3　増大する政策課題………………………………………… 26
4　地方債残高の累積………………………………………… 27
　(1)　地方債の増発………………………………………… 27
　(2)　ふくらむ臨時財政対策債…………………………… 28
　(3)　削減経費で償還の退職手当債……………………… 29
5　実質借金の債務負担行為………………………………… 30
6　取り崩される積立金……………………………………… 30
7　難題の職員人件費………………………………………… 32
　(1)　依然たかい人件費割合……………………………… 32
　(2)　減員できる職員数…………………………………… 33
　(3)　見直されるべき給与体系…………………………… 35

8	甚大な公共事業投資額…………………………………………………	35
9	悪用される一時借入金……………………………………………………	36

第3章　財政自主再建への挑戦－小金井市の取り組み

1	最悪の財政状況………………………………………………………………	38
⑴	111.4％の経常収支比率……………………………………………………	38
⑵	破綻状態からの脱却………………………………………………………	39
2	道なかばの改革……………………………………………………………	40
⑴	弾力性かく財政構造………………………………………………………	40
⑵	不安定な財政基盤…………………………………………………………	48
⑶	心もとない積立金…………………………………………………………	50
3	福祉行政分野での実践……………………………………………………	51
⑴	敬老金の廃止………………………………………………………………	51
⑵	福祉共同作業所の委託……………………………………………………	52
⑶	保育料値上げと条例化……………………………………………………	52
⑷	介護基盤の整備と介護保険制度の導入…………………………………	53

第4章　継続・公開と行政手法の転換

1	行政・財政改革の継続……………………………………………………	58
⑴	改革の主体性………………………………………………………………	58
⑵	終わりなき改革……………………………………………………………	59
2	財務情報の公開……………………………………………………………	59
⑴	最低限の法定公開…………………………………………………………	59
⑵	不都合情報の公開…………………………………………………………	60
⑶	決算情報の公開……………………………………………………………	60
3	行政手法の転換……………………………………………………………	61
⑴	行政評価の活用……………………………………………………………	61
⑵	予算決算手法の改革………………………………………………………	62
⑶	使いきり予算との決別……………………………………………………	64

	(4) 入札・契約制度の改革………………………………………	64
	(5) 情報通信技術の高度活用………………………………………	65

第5章　計画行政と借金の返済・施設の更新

1	計画行政の貫徹………………………………………………………	68
	(1) 政策基軸の自治体計画………………………………………	68
	(2) 自治体計画と法務・財務………………………………………	69
	(3) 財務条例の制定………………………………………………	71
2	借金返済と基金の積み増し………………………………………	72
	(1) 地方債の発行抑制……………………………………………	72
	(2) 地方債残高の軽減……………………………………………	72
	(3) 基金の積み増し………………………………………………	73
3	公共施設の老朽化対策……………………………………………	73
	(1) 保全・再配置計画の策定………………………………………	73
	(2) むずかしい財源確保…………………………………………	74

終章　行政体制の再編・再構築

1	組織機構の再編成…………………………………………………	76
	(1) 政策推進の組織機構…………………………………………	76
	(2) 法務・財務の専担組織………………………………………	76
2	職員人材の確保・育成……………………………………………	77
	(1) 職員の地位と基本的役割………………………………………	77
	(2) 求められる職員人材…………………………………………	77
	(3) 人材の確保・育成……………………………………………	78
3	都区制度の「改革」………………………………………………	79
	(1) 歴史に逆行………………………………………………………	79
	(2) 優先すべき借金返済…………………………………………	80

おわりに……………………………………………………………… 81

はじめに

　1998年出版の拙著『自治体も「倒産」する―小金井市・自主再建への道を探る―』は、予想外の反響があり、テレビ、新聞などでも取りあげられた。市民からの激励の投書も何通かあった。市議会においては、ある議員から個人の資格で書いたのかなどの質問がおこなわれ、他の議員からは職員の表現の自由だとの意見がのべられた。

　あれから歴史的な2000年の分権改革や平成の大合併をへて、21世紀も10年以上たった。21世紀は、分権改革もすすみ、自治体にとっても希望の世紀であったはずである。ところが、この間にも、日本では少子高齢化・総人口の減少という他国に類をみない人口構造の変化、脱却できない経済の低迷、政界の混迷などで未来に展望がひらけず、先行きに不安がましている。財政面をみても、国・自治体をあわせた借金総額は1000兆円に迫ろうとしていて、世界最悪となっている。自治体の財政状況も、1990年代と本質的に変わりなく、むしろ停滞・悪化の局面すらみえる。また、2009年には期待された政権交代もあったが、中央官僚の抵抗にあって、自治・分権の行く手に暗雲がかかったままである。

　今こそ、自治体は、行政・財政の自己改革を徹底し、市民自治に根ざした政治・行政を推進していかなければならない。これによって、国全体の政治・行政もかわらせることができると信じたい。

　ところで、行政・財政の改革には、手法の違いや複雑な利害関係もからんで「総論賛成・各論反対」になりがちである。これを実践的にどう突破していくかが行政・財政の改革の成否の鍵となる。筆者は、1995年度と翌年度に全国市のなかで最悪の財政硬直化状況におちいった自治体において財政の自主再建の取り組みに直接たずさわり、貴重な経験・実践をし、おおくのことを学んだ。また、退職後の自治体職員研修の講師として自治体財政をふくめて自治体にかんする調査・研究の機会に恵まれた。本書では、このような

経験・実践にもとづいて、自治体財政の問題・課題について考え、再編・再構築について模索してみたい。

　最後に、本書の出版にあたっては、公人の友社社長の武内英晴さんに適切な助言と大変な尽力をいただき深く感謝します。また、資料収集では芳須浩彰さん（元小金井市議会事務局長）を煩わし、厚くお礼を申し上げます。

第1章　破綻にむかう自治体財政

　自治体は、1990年代の財政の破綻状況からぬけだすために行政・財政の自己改革に取り組んできた。だが、近年になり、当時と同様な、否より深刻な財政状況におちいり、ふたたび財政破綻にむかっている。

1 膨大な借金の額

(1) 200兆円の借金残高

　自治体全体の普通会計（※1）で負担すべき借金（借入金）残高は、地方債現在高だけでなく、交付税特会（「交付税及び譲与税配付金特別会計」の略称）借入金（自治体負担分）および企業債現在高（普通会計負担分）をくわえてみる必要がある。以下、本書では普通会計を対象とし、第1章および第2章の決算数値は、全自治体の集計値である。

　地方債現在高は、未償還の地方債の金額であり、交付税特会借入金（自治体負担分）は、過去に交付税特会が地方財源不足に対処するため借り入れた借金のうち自治体全体で負担するものであり、企業債現在高（普通会計負担分）は、地方公営企業（水道事業、交通事業、病院事業、介護サービス事業など）において償還する企業債のうち普通会計がその償還財源を負担するものである。

　これらの借金残高は、**図1**のとおり、総額で1992年度には約80兆円であったものが、2010年度決算ベースでその2.5倍の約200兆円にまでふくれあがり、対GDP（※2）比で41.5％にもなっている。その内訳は地方債現在高142兆803億円、交付税特会借入金残高（自治体負担分）33兆6,173億円、公営企業債現在高(普通会計負担分)24兆957億円になって

※1　普通会計
　　自治体の会計は、一般会計と特別会計に区分されるが、決算統計では、これを集計しなおして、普通会計と公営事業会計とに区分される。普通会計は、一般会計と自治体独自の条例で設置した特別会計をあわせたものであり、公営事業会計は、上下水道・病院・交通などの公営企業、競馬・競輪などの収益事業（公営競技）、国民健康保険事業、介護保険事業など9つの特別会計をあわせたものである。

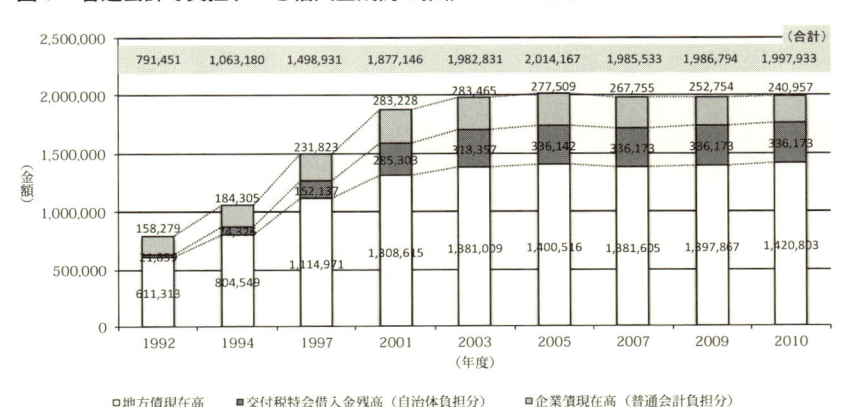

図1　普通会計で負担すべき借入金残高の推移（単位：億円）

（年度）	1992	1994	1997	2001	2003	2005	2007	2009	2010
合計	791,451	1,063,180	1,498,931	1,877,146	1,982,831	2,014,167	1,985,533	1,986,794	1,997,933
企業債現在高（普通会計負担分）	158,279	184,305	231,823	283,228	283,465	277,509	267,755	252,754	240,957
交付税特会借入金残高（自治体負担分）	21,859	74,327	152,137	285,303	318,357	336,142	336,173	336,173	336,173
地方債現在高	611,313	804,549	1,114,971	1,308,615	1,381,009	1,400,516	1,381,605	1,397,867	1,420,803

出所：総務省「地方財政の状況」（地方財政白書）。以下、図2～10、表1～9も同じ。

いる。この普通会計が負担すべき莫大な借金残高は、とくに1991年のバブル崩壊後における国の景気対策としての減税政策にともなう減税補てん債や公共事業での単独事業債の増発、地方交付税の原資の不足に対処するための臨時財政対策債の発行などにより積もりに積もったものである。これは、自治体が国の景気対策の中心的役割をになわされた結果であるが、これを主導してきた国の責任とともに、国の景気対策に容易にのった自治体の責任もおおきい。一方、国の借金残高は2010年度に約662兆円（※3）で、国・自治体あわせて約862兆円（1,000兆円超もちかい）になり、日本は対GDP

※2　GDP
　「Gross Domestic Product」(国内総生産)の略で、一定期間内（通常1年間）に国内で生みだされたモノやサービスの付加価値の総額。2010年の日本のGDPは479兆2,046億円（名目）であった。
※3　国の公債残高
　国の公債残高は、2010年度に636兆円、利払費7兆9千億円であったが、2012年度には709兆円で、利払費9兆8千億円が見込まれている。2012年度の公債残高は国民1人当たり約554万円になる。なお、公債にかんする予算科目について、国では歳入で「公債金」、歳出（公債金の元利償還）で「国債費」、自治体では歳入で「地方債」、歳出（地方債の元利償還）で「公債費」の名称がつかわれている。

比で180%（2012年度200%超の見込み）という世界一の借金国になっている。これらの借金は市民がおさめる国税や地方税でかえしていくことになるが、これだけの莫大な借金をかえしきれるのだろうか。このままでは、日本は、国・自治体の借金で"沈没"してしまう。

(2) 10兆円超の元利償還

　自治体は、長期借入金として地方債を発行しているが、この地方債の元利償還金が公債費である。公債費は、かならず償還しなければならない義務的経費であることから財政硬直化の要因となるばかりでなく、その償還が年度をこえて長期になることから次世代への負担のつけまわしになる。

　自治体は、高度経済成長期の公共事業やバブル崩壊後の国の景気対策にのって地方債を増発してきたが、その結果、地方債残高は累増し、そのため毎年度の公債費の額は巨額なものになっている。これが、自治体の財政硬直化をもたらし、自治体の弾力的な財政運営を阻んでいる。公債費の状況は、**表1**のとおり、市町村と都道府県はほぼ同額で、両者あわせて元金が10兆円をこえ、利子も2兆円をこえている。全国の自治体で、毎年度これだけの地方債の巨額な元利償還金をはらっているのである。なお、公債費には、年度内に償還する短期借入金である一時借入金の利子もふくまれる。

表1　公債費の状況

年度			2001	2005	2010
市町村	地方債元利償還金	元金	4兆5,870億円	5兆4,615億円	5兆2,737億円
		利子	1兆8,552億円	1兆3,275億円	9,575億円
	一時借入金	利子	51億円	30億円	33億円
	合計		6兆4,472億円	6兆7,921億円	6兆2,346億円
都道府県	地方債元利償還金	元金	4兆4,176億円	5兆6,536億円	5兆4,278億円
		利子	2兆676億円	1兆5,659億円	1兆3,530億円
	一時借入金	利子	47億円	27億円	47億円
	合計		6兆4,898億円	7兆2,222億円	6兆7,854億円

2　著しい財政指標の悪化

(1)　深刻な経常収支比率

　自治体が市民要望にこたえつつ、柔軟な行政運営をおこなうためには財政構造に弾力性がなければならない。財政構造の弾力性とは、経常的な収入によって経常的な経費を支出してもなお余剰がある状態をいう。この弾力性をみる指標に「経常収支比率」（※4）があり、一般的に70％〜80％が適正水準とされている。この水準をこえて比率がたかまるほど地方税と地方交付税を主とする一般財源に余裕がなくなって財政の硬直化がすすんでいることをしめし、新規やレベルアップの事業の実施、さらに従来の事業の継続すら困難になる。

　経常収支比率は、図2のとおり推移しており、市町村では90％を前後し、

図2　経常収支比率の推移（単位：％）

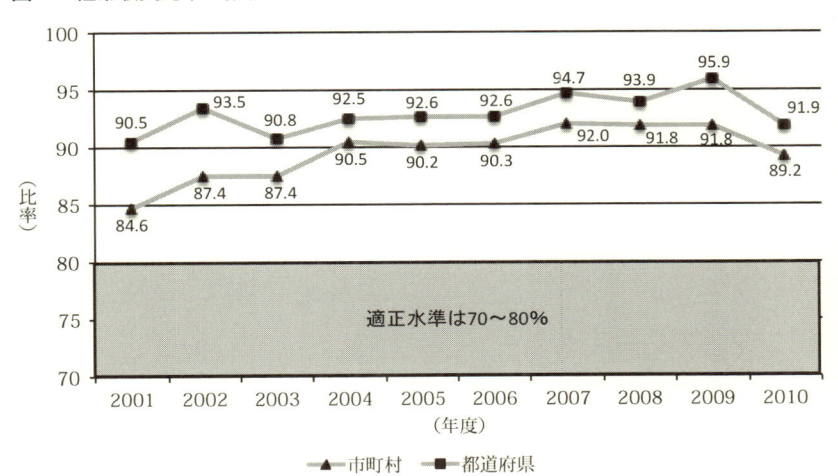

年度	2001	2002	2003	2004	2005	2006	2007	2008	2009	2010
都道府県	90.5	93.5	90.8	92.5	92.6	92.6	94.7	93.9	95.9	91.9
市町村	84.6	87.4	87.4	90.5	90.2	90.3	92.0	91.8	91.8	89.2

適正水準は70〜80％

都道府県では90％をこえており、財政構造の硬直化は深刻である。なお、2001年度以降の総務省の地方財政状況調査（決算統計）（※5）の経常収支比率については、経常一般財源（分母）に減税補てん債および臨時財政対策債をくわえた場合とくわえない場合を算出し、くわえた数値をつかって分析している（以下明示しない限りこれによる）。減税補てん債は、国の減税政策により個人住民税の減税が実施された場合にその減収額をうめるための地方債であり、臨時財政対策債は、地方交付税の原資が足りないため、その不足額の2分の1（国の一般会計で2分の1負担）についてみとめられた地方債である。いずれも、特例の赤字地方債（一般財源債）である。このように、減税補てん債が地方税の代替的な性格をもち、臨時財政対策債が地方交付税の振り替え財源であるからといって地方債に変わりはなく、その償還財源の確実な保障はないのであるから、分母にくわえない数値がより実態にちかいといえる。これでみると、**表2**のとおり、市町村では2003年度から95％以上で推移し、都道府県では2002年度から100％前後で推移している。2010年度の段階別の自治体数でみると、**表3**のとおり、90％以上の自治体が市町村で2割以上、都道府県で6割ちかい。また、2010年度の経常収支比率の内訳では、**表4**のとおり、義務的経費として、人件費が市町村25％程度、都道府県40％程度、公債費が市町村20％程度、都道府県が23％程度、扶助費が市町村10％程度、都道府県2％程度となっており、この3つで50％以上をしめている。

※4　経常収支比率の計算式
　分母に経常一般財源（主に地方税や普通交付税）、分子に経常経費充当一般財源（人件費、扶助費、公債費などの経常経費にあてられた一般財源）をおき百分率で算出する。

$$経常収支比率 = \frac{経常経費充当一般財源}{経常一般財源等} \times 100$$

※5　地方財政状況調査
　自治体は、毎年度、一般会計と特別会計の決算にもとづき、全国統一の基準と様式にしたがい、普通会計と地方公営事業会計とに区分した地方財政状況調査表（決算統計）を作成し、総務省に提出している。この統計調査の集計・分析結果が「地方財政の状況」（地方財政白書）として、毎年度、内閣から国会に報告されている。

第1章 破綻にむかう自治体財政

表2 減税補てん債・臨時財政対策債を分母に加えない場合の経常収支比率

年　度	2001	2002	2003	2004	2005	2006	2007	2008	2009	2010
市町村	87.2	92.5	97.0	97.9	95.8	95.0	96.0	95.7	98.0	97.5
都道府県	93.6	99.4	103.1	102.0	99.0	97.8	99.7	101.4	111.9	109.9

表3 経常収支比率の段階別自治体数の状況

	年　度	2001	2005	2010
市町村	総　数	3,223	1,821	1,727（100.0）
	70%未満	98	22	28（1.6）
	70%以上80%未満	870	130	306（17.7）
	80%以上90%未満	1,808	787	1,032（59.8）
	90%以上100%未満	416	793	354（20.5）
	100%以上	31	89	7（0.4）
都道府県	総　数	47	47	47（100.0）
	70%未満	―	―	―
	70%以上80%未満	2	―	―
	80%以上90%未満	27	7	19（40.4）
	90%以上100%未満	17	40	28（59.6）
	100%以上	1	―	―

注：（　）内の数値は構成比（％）

表4 経常収支比率のうち義務的経費の内訳

	年　度	2001	2005	2010
市町村	人件費	29.3%	28.9%	25.1%
	扶助費	5.6%	7.8%	10.4%
	公債費	18.5%	19.9%	19.0%
都道府県	人件費	45.0%	44.4%	40.9%
	扶助費	2.3%	1.6%	1.9%
	公債費	22.3%	23.1%	22.6%

(2) 警戒ラインの公債費負担比率

　地方債の元利償還金である公債費にあてられた一般財源（主として地方税と地方交付税）の一般財源総額にしめる割合をみる指標が「公債費負担比率」である。この比率がたかいほど一般財源の使いみちの自由が制約され、財政構造の弾力性を欠くことになり、15％が警戒ライン、20％が危険ラインとされている。公債費負担比率は、**図3**のとおり推移しており、市町村で警戒ラインをこえ、都道府県では危険ラインちかくなっている。

図3　公債費負担比率の推移（単位：％）

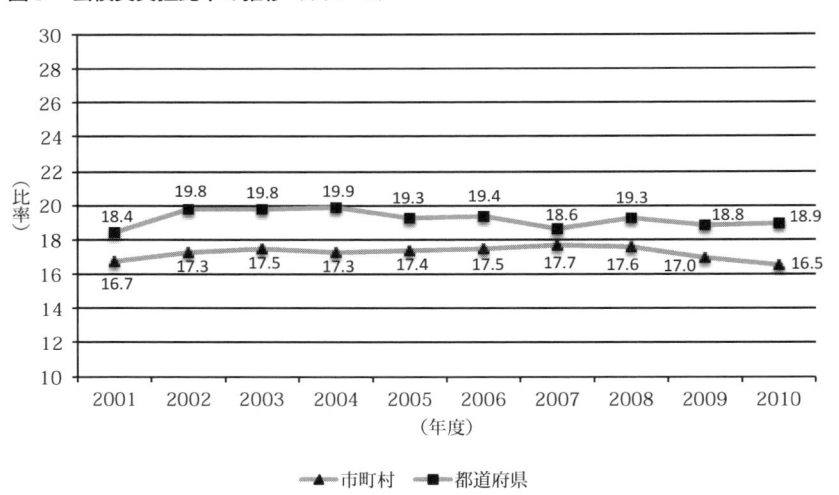

年度	2001	2002	2003	2004	2005	2006	2007	2008	2009	2010
都道府県	18.4	19.8	19.8	19.9	19.3	19.4	18.6	19.3	18.8	18.9
市町村	16.7	17.3	17.5	17.3	17.4	17.5	17.7	17.6	17.0	16.5

(3) 危うい健全化判断比率

　自治体は、毎年度、地方方公共団体の財政の健全化に関する法律（自治体財政健全化法）にもとづき、①実質赤字比率、②連結実質赤字比率、③実質公債費比率および④将来負担比率の4つの「健全化判断比率」（※6）を監

査委員の審査にふしたうえで、議会に報告し、公表する。①から④のうちのいずれかが「早期健全化基準」以上の場合には、「財政健全化計画」を議会の議決をへて策定・公表し、毎年度その実施状況を議会に報告し、公表する（「財政健全化団体」）。さらに、①から③のいずれかが「財政再生基準」以上の場合には、「財政再生計画」を議会の議決をへて策定・公表し、毎年度その実施状況を議会に報告し、公表する（「財政再生団体」）。

　③の実質公債費比率は、その自治体の財政規模などにたいする公債費および公債費に準ずるものの割合で、自治体の実質的な借金返済の負担の重さをしめす財政指標である。公債費に準ずるものとは、公営企業会計や一部事務組合などの借金返済額のうち自治体が一般会計などで負担する部分および債務負担行為にもとづく支出のうち公債費に準ずるものである。この実質公債費比率は、2006年度からの地方債の許可制度が協議制度に移行したことにともない起債制限の指標として導入されていたもので、地方債の発行には、18％以上25％未満で許可を要し、25％以上35％未満で一般単独事業債などの制限があり、35％以上では一般公共事業債（災害関連事業をのぞく）などの制限もある。

　この実質公債費比率の自治体財政健全化法における早期健全化基準が25％で、この基準以上の自治体が財政健全化団体に該当し、また財政再生基準が35％で、これ以上の自治体が財政再生団体に該当する。実質公債費比率の段階別自治体数は、**表5**のとおり18％以上の自治体が相当数ある。

※6　健全化判断比率
①　実質赤字比率：その自治体の財政規模にたいする一般会計および特別会計のうち普通会計に相当する会計の赤字額の割合
②　連結実質赤字比率：その自治体の財政規模にたいする全ての会計（一般会計・特別会計）の赤字額の割合
③　実質公債費比率：本文のとおり
④　将来負担比率：その自治体の財政規模などにたいする将来負担すべき額（赤字額や地方債、債務負担行為、公社債務などの残高）の割合〔早期健全化基準⇒市区町村350％〕

表5　実質公債費比率の段階別自治体数

年　度		2005	2010
市町村	18%未満	1,432	1,577
	18%以上25%未満	382	171
	25%以上35%未満	28	3
	35%以上	2	1
都道府県	18%未満	43	41
	18%以上25%未満	4	6
	25%以上35%未満	—	—
	35%以上	—	—

　同法が全面適用された2008年度から2011年度までの決算にもとづき、財政健全化団体には21自治体（6市・11町・5村）が該当し、財政再生団体には1自治体（北海道夕張市：2010年度実質公債費比率42.8％、将来負担比率922.5％）が該当している（総務省・夕張市資料）。

3　ぜい弱な財政力

　自治体が水準のたかい行政をおこなうためには財政基盤が安定していなくてはならない。自治体の財政基盤の強弱をみる指標に「財政力指数」（※7）がある。この指数が1をこえる自治体は自主財源（主に地方税収入）に余裕

※7　財政力指数の計算式
　分母に基準財政需要額（各自治体の標準的な行政運営に必要な経費を算定したもの）、分子に基準財政収入額（各自治体の標準的な収入額を算定したもの）をおいて、通常、過去3年間の平均値をさす。これを単年度で計算して、1未満の自治体に普通地方交付税が交付される。

$$財政力指数 = \frac{基準財政収入額}{基準財政需要額} \quad （3か年平均）$$

図4 財政力指数の推移

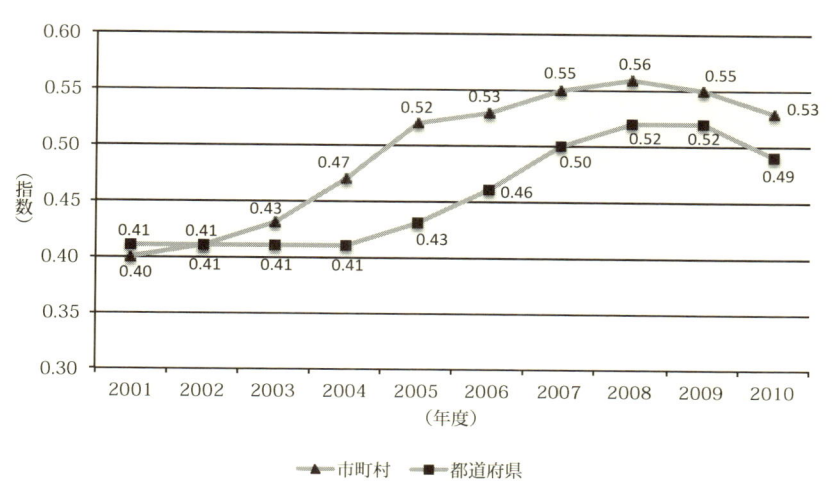

年度	市町村	都道府県
2001	0.40	0.41
2002	0.41	0.41
2003	0.41	0.43
2004	0.41	0.47
2005	0.43	0.52
2006	0.46	0.53
2007	0.50	0.55
2008	0.52	0.56
2009	0.52	0.55
2010	0.49	0.53

があるが、1未満の自治体では自主財源が不足していることをあらわしている。すなわち、1をこえて数値がたかくなるほど財政基盤が安定していて、標準的な水準を上まわる行政をおこなうことができる。逆に、1未満で数値がひくくなるほど財政基盤がぜい弱で、自主財源だけでは標準的な行政もおこなえないことになる。そこで、1未満で標準的な行政をおこなうための財源の不足分が地方交付税（普通交付税）として交付されことになる。

　財政力指数は、**図4**のとおり0.50前後で推移しており、段階別自治体数では**表6**のとおり1未満が9割以上になっていて、**表7**のとおり普通交付税をうけている自治体が圧倒的な数になっている。このように、全国の自治体において自主財源が不足し、標準的な行政をおこなうために地方交付税（普通交付税）（※8）に依存しているのが現実である。地方交付税の原資には、国税5税（所得税、法人税、酒税、消費税およびたばこ税）の一定割合があてられるが、それだけでは必要とする地方交付税総額をまかないきれず、本来、国税をあてるべき不足分の半分を自治体が地方債（臨時財政対策債）の発行でおぎなっている。なお、地方交付税は、標準的な行政をおこなうのに

表6　財政力指数の段階別自治体数

年　度		2001	2005	2010
市町村	総　数	3,223	1,821	1,727 (100.0)
	0.30 未満	1,432	514	494 (28.6)
	0.30 以上 0.50 未満	847	478	425 (24.6)
	0.50 以上 1.00 未満	858	703	667 (38.6)
	1.00 以上	86	126	141 (8.2)
都道府県	総　数	47	47	47 (100.0)
	0.30 未満	15	14	7 (14.9)
	0.30 以上 0.50 未満	21	22	21 (44.7)
	0.50 以上 1.00 未満	10	10	17 (36.2)
	1.00 以上	1	1	2 (4.3)

注：(　) 内の数値は構成比（％）

表7　普通交付税の交付状況（自治体数）

年　度		2001	2005	2010
市町村	交付	3,131	2,249	1,657 (95.9)
	不交付	95	146	70 (4.1)
都道府県	交付	46	46	46 (97.9)
	不交付	1	1	1 (2.1)

注：(　) 内の数値は構成比（％）

不足する財源をおぎなう普通交付税に交付税総額の94％があてられ、6％は特別交付税として災害時などの特別な財政需要について交付される。

※8　地方交付税の性格
　地方交付税は、国税5税の一定割合（所得税32％、法人税32％ー当分の間35.8％、酒税32％、消費税29.5％、たばこ25税％）が自治体に配分・交付される金銭である。地方交付税制度は、自治体間の財源の偏在を調整して、すべての自治体に一定の行政水準を維持できる財源を保障するためのものである。地方交付税の原資は、国税の一定割合とされているが、本来、自治体の税収入とすべきところ、便宜的に国が国税として自治体にかわって一括徴収し、再配分しているもので、いわば自治体の固有・共有の財源である。地方交付税は、一般財源として交付されるので、その使いみちは自治体の自主的な判断にまかされている。

4　急増する社会保障経費

　日本は、都市型社会への移行とあいまって、世界に先がけて、**図5**のとおり少子高齢化と総人口の減少という人口構造の急激な変化に直面している。まず、65歳以上の高齢者の割合は、2010年に23.0％にまでたかまっていたものが、団塊の世代全員が65歳以上・75歳以上になる2015年に26.8％、2025年に30.3％になり、2060年には39.9％になるものと推計されている。このうえ、100歳長寿者（センテナリアン）が1970年には310人にすぎなかったが、年々ふえつづけ2012年には5万人を突破している（厚生労働省集計）。このような高齢・長寿化にともない、自治体の歳出は、医療、介護、生活保護などの社会保障ないし福祉政策の経費が急増している。一般会計の歳出では、民生費の増加がいちじるしいが（**図7参照**）。これにくわえて、国民健康保険事業、老人保健医療事業、後期高齢者医療事業および

図5　日本の人口総数および年齢3区分別割合の推移と推計（単位：％）

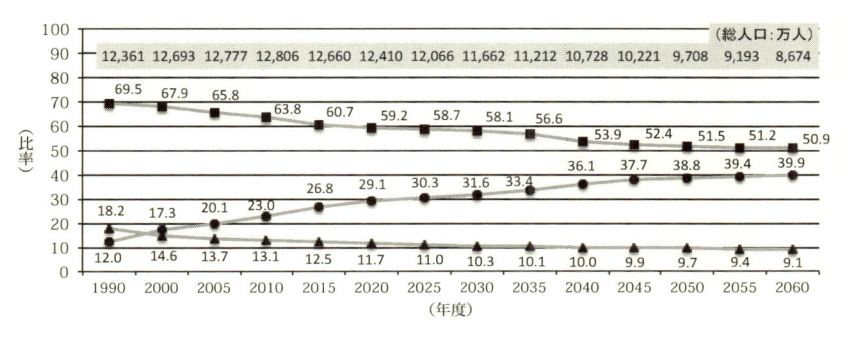

出所：総務省「国勢調査結果」（1900年〜2010年）、国立社会保障・人口問題研究所「日本の将来推計人口」（2012年1月中位推計）」（2015年〜）

介護保険事業の各特別会計における経費も増加の一途をたどっている。一方で、14歳以下の子どもの割合は、2010年に13.1％までさがっていたものが、2015年に13.1％、2025年に11.0％になり、2060年には9.1％までさがるものと推計されている。このような少子化は、社会経済の活力の低下をもたらすことにもなるので、保育や子ども手当など子育て環境の整備が焦眉の問題となっている。少子化の次には15歳から64歳までの生産年齢人口の減少となり、2010年に63.9％であったものが、2060年の50.9％までさがりつづけで、税・社会保険料の負担や介護の担い手の確保で問題が深刻化する。

5　巨額な公共施設の更新費用

　自治体は、小中学校、公営住宅、市民会館、博物館、図書館、体育館、プールなどのいわゆるハコモノといわれる公共施設と道路、橋、公園、港湾、上下水道などのインフラを保有・管理している。このうちハコモノといわれる公共施設は、1960年代からの高度経済成長期に急速に整備されてきた。その一部である文化・体育施設についてみると、自治体は、2010年度に**表8**のとおりの施設を保有・管理している。これらをふくめたおおくの公共施設の老朽化が一斉にすすみ、50年～60年とされる耐用年数をむかえ、建て替えや大改修をおこなう時期にさしかかっている。このうち1981年以前の旧耐震基準にもとづく建築物にくわえて、バリアーフリー、省エネルギー、防災機能などの時代の要請にあわなくなったものもおおい。この公共施設の更新問題は、自治体の"時限爆弾"ともいわれており、それへの対応が緊急課題として浮上してきている。最近、公共施設の老朽化などの実態を把握するために「公共施設白書」を作成する自治体もふえつつあり、保全計画の策定もおこなわれはじめている。公開されている白書によれば、この建て替え

表8　文化施設および体育施設の状況（2010年度箇所数）

区　分		市町村立	都道府県立	合計
文化施設	会館・公会堂	3,107	185	3,292
	図書館	3,130	60	3,190
	博物館	649	156	805
	青年・自然の家	313	159	472
体育施設	体育館	6,205	196	6,401
	陸上競技場	972	101	1,073
	野球場	3,971	166	4,137
	プール	3,783	223	4,006

や改修の経費は巨額になり、自治体財政におおきな負担となり（※9）地方債の増発も予想される。公共施設の老朽化対策については、第5章でもふれることにする。

※9　公共施設の更新費用
　公表資料によれば、鎌倉市では、2011年度からの40年間の更新費用総額を2,236億6千万円と試算しており（鎌倉市公共施設白書）、相模原市でも更新費用総額を2012年度から60年間で約4,793億円、ピーク時には年間約150億円かかると試算している（相模原市公共施設白書）。また、武蔵野市では、2011年度からの40年間で2,026億円（約51億円／年）の施設整備コストを試算している（武蔵野市公共施設白書）。

第2章　自治体財政破綻にむかわせるもの

　いったい、自治体を財政破綻にむかわせているものは何なんだろうか。それには外部要因と内部要因とが考えられるが、自治体は、内部構造的な要因をしっかりと見極めて、自主的・主体的に財政破綻をさせない取り組みをしていかなければならない。

1　外部要因と内部要因

　自治体の財政破綻をもたらす要因としては、おおきく外部的な要因と自治体内部の構造的な要因に分けられよう。
　外部的な要因としては、経済・財政的なものとして、長引く経済低迷と税収の落ちこみがあり、これへの対応は産業構造の転換による経済・景気対策によらなければならない。また、制度的なものとして、政府の歳出で自治体6：国4の割合であるのにたいして、歳入では自治体4：国6の割合に逆転するという自治体と国の税財源配分の不均衡がある。国から自治体へ歳出に見あった税財源の移譲を必要とするが、当面、この税財源の配分を5：5にすべきである。
　自治体内部の構造的な要因としては、財源の限界・涸渇、膨大な額の借金の累増、職員人件費の圧力、福祉政策経費の増大、さらに公共施設の莫大な更新費が追いうちをかける。以下では、この内部構造的な要因について検討する。

2　枯渇する財源

　自治体の財源は、限界点にさしかかって、枯渇状態にあり、自治体政策への歳入圧力がつよまっている。**図6**は、全自治体の歳入純計決算額の総額と内訳上位の構成比の推移をしめしたものである。歳入総額では、市町村、都道府県ほぼ同額で、あわせて100兆円ちかくなっている。これを内訳構成比でみると、基幹財源である地方税については、財政基盤の強化をめざし

第2章　自治体財政破綻にむかわせるもの

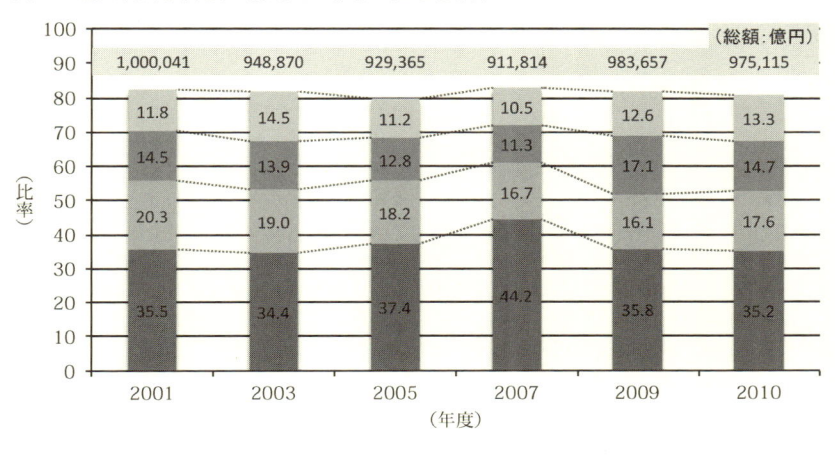

図6　歳入純計決算額の構成比の推移（上位抜粋）（単位：%）

年度	総額（億円）	地方税	地方交付税	国庫支出金	地方債
2001	1,000,041	35.5	20.3	14.5	11.8
2003	948,870	34.4	19.0	13.9	14.5
2005	929,365	37.4	18.2	12.8	11.2
2007	911,814	44.2	16.7	11.3	10.5
2009	983,657	35.8	16.1	17.1	12.6
2010	975,115	35.2	17.6	14.7	13.3

た平成の大合併（1999年度～2005年度）や三位一体改革（2005年度～2007年度）にもかかわらず、経済の低迷や高齢化、低所得層の拡大などから税収が伸びていない。自治体は、税収不足分をおぎなうために、積立金（財政調整基金）の取り崩しによって予算編成をおこなってきたためその残額もすくなくなっている。今後、消費税増税によっても、歳出圧力による財源不足は恒常化していくものと推測される。

　前述のとおり地方税だけでは標準的な行政をおこなう経費の財源をまかないきれない自治体がおおく、普通交付税への依存度がたかい。国庫支出金は、生活保護費の増大（国負担4分の3）や児童手当の創設などによりその割合がふえている。だが、普通交付税と国庫支出金については、国自体の財政状況が破綻状況に瀕している以上おおくをのぞむことができない。自治体の長期借入金である地方債については、市町村が9％台、都道府県が10％以上で推移し重要な財源となっているが、地方債残高が累積し、その元利償還の公債費の負担が過重なものとなっている。自治体の財源には、そのほかに、地方譲与税、特例交付金、都道府県から市区町村への支出金、使用料・

25

手数料などがあるが、地方税、地方交付税、国庫支出金および地方債の4つで75％以上をしめている。

3　増大する政策課題

　自治体は、財源の限界・枯渇という歳入圧力がつよまる一方で、山積する政策課題の解決のための歳出圧力がましている。**図7**は、全自治体の目的別歳出純計の総額と内訳上位の構成比をしめしたものである。歳出総額では、市町村、都道府県ほぼ同額で、あわせて90兆円半ばである。その内訳構成比では、福祉関係経費である民生費の増加がいちじるしく、とくに市町村では歳出額のほぼ3分の1をしめている。今後、高齢化率の上昇によって、介護、医療、年金、生活保護などの福祉関係経費は急増することが確実である。逆に、道路、橋、河川、公園などの都市インフラの経費である土木費は減少

図7　目的別歳出純計決算額の構成比の推移（上位抜粋）（単位：％）

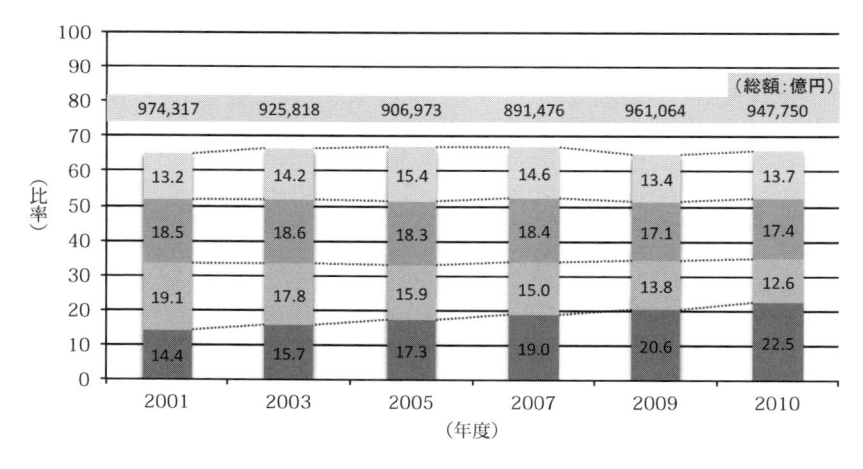

年度	総額（億円）	民生費	土木費	教育費	公債費
2001	974,317	14.4	19.1	18.5	13.2
2003	925,818	15.7	17.8	18.6	14.2
2005	906,973	17.3	15.9	18.3	15.4
2007	891,476	19.0	15.0	18.4	14.6
2009	961,064	20.6	13.8	17.1	13.4
2010	947,750	22.5	12.6	17.4	13.7

しているが、生活道路や危険な橋、河川などの改修・整備は欠かせない。義務教育経費を中心とした教育費は、横ばいであるが、校舎の耐震化や補修・改修などとともに、教育内容の独自の充実策がもとめられている。これにくわえて、地方債の元利償還金である公債費の負担が重くのしかかり、また、高度経済成長期に整備されたいわゆるハコモノが老朽化して、この建て替え・改修の時期にさしかかってきているが、これに要する経費は莫大な金額になる。さらに、地震、津波、台風などの自然災害への対応も緊急課題となっている。歳出決算では、民生費、土木費、教育費および公債費の4つで60％をこえており、市町村では福祉関係の経費の比重がたかく、都道府県では学校教職員の給与の負担がおおきい。

4　地方債残高の累積

(1)　地方債の増発

　地方債は、自治体が年度をこえて元利を償還する長期借入金であり、資金を借り入れる年度には財源として歳入に計上されるが、次年度以降の歳入をもって償還することが義務づけられる。

　ところで、自治体の歳出は、地方債以外の歳入をもって、その財源としなければならないことを原則とする。ただし、例外として、①公営企業に要する経費、②出資金・貸付金、③地方債の借り換え、④災害関係の事業費、⑤公共施設等の建設事業費の5つ場合に地方債（建設地方債）をもってその財源とすることができる（地方財政法第5条）。これ以外に歳入に不足が生じた一般的な赤字を補てんする目的で発行されるいわゆる赤字地方債の発行はみとめられない建て前となっている。ところが、現実の財源不足に対処するために、地方財政法5条の特例として、減税補てん債や臨時財政対策債、さ

らに退職手当債などの赤字地方債の発行がみとめられている。地方債の元利償還金については、地方財政計画への計上や地方交付税措置などによる財源保障の仕組みがもうけられ、「暗黙の政府保証」がおこなわれている。

このため、おおくの自治体は、このような甘えの構造にも誘発されて、規模・能力以上の地方債を増発し、財務規律をゆがめてきた。

地方債現在高は、**図8**のとおり増加傾向にあり、2010年度では140兆円をこえる膨大な額になっている。

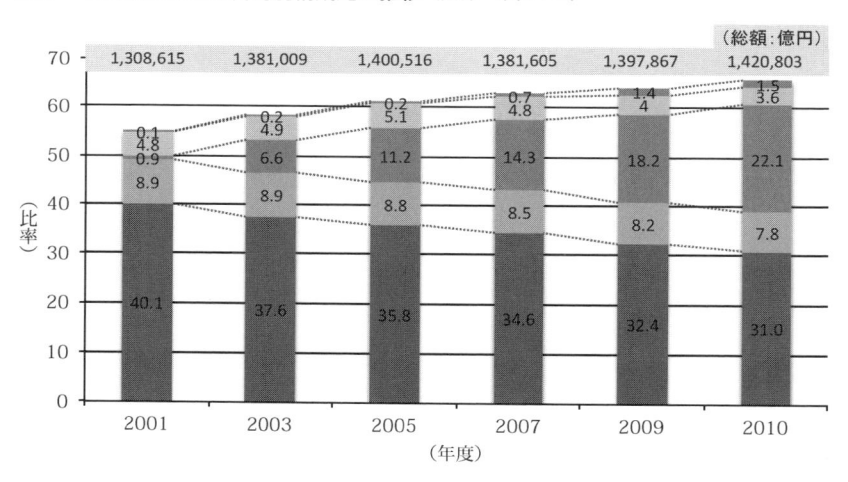

図8 地方債現在高の目的別構成比の推移（抜粋・単位：%）

年度	一般単独事業債	一般公共事業債	臨時財政対策債	減税補てん債	退職手当債	総額（億円）
2001	40.1	8.9	0.9	4.8	0.1	1,308,615
2003	37.6	8.9	6.6	4.9	0.2	1,381,009
2005	35.8	8.8	11.2	5.1	0.2	1,400,516
2007	34.6	8.5	14.3	4.8	0.7	1,381,605
2009	32.4	8.2	18.2	4	1.4	1,397,867
2010	31.0	7.8	22.1	3.6	1.5	1,420,803

(2) ふくらむ臨時財政対策債

臨時財政対策債（臨財債）が地方債現在高のなかでおおきな割合をしめている。

従前は地方交付税として交付すべき財源に不足が生じた場合に、国が国債を発行して地方交付税の不足額をおぎなってきた。ところが、国債残高が累

増したことから、本来、地方交付税の財源は国が責任をもって対処すべきものであるにもかかわらず、2001年度以降においては不足額を穴埋めするために、国と自治体で2分の1づつ負担することとし、自治体負担分は臨時財政対策債を発行することがみとめられ、地方債残高が累積する原因にもなっている。

　このように臨時財政対策債は、地方交付税の代替えとしての性質をもち、後年度の地方交付税に全額が算入されることになっているが、国の財政状況によって将来にわたって確実に保障されるとはかぎらない。

　なお、臨時財政対策債は、発行しなければならないものではなく、自治体の判断と責任で発行されるものである。後年度に地方交付税で補てんされるからといって、将来の確実な保障はないので、発行には慎重でなければならない。臨時財政対策債現在高の構成比は、**図8**のとおり急上昇しており、2010年度現在高は31兆4,110億円にふくれあがっている。

(3) 削減経費で償還の退職手当債

　2007年問題といわれた団塊世代の大量退職職員への退職金（退職手当）の支払いは峠をこしてきた。だが、その支払いのために積立金である基金を取り崩したことによって退職手当基金の残高が大幅に減少している。また、一般財源だけでは職員の退職金の支払いが困難な自治体もでてきた。そこで、2006年度から2015年度までの間に限って、従来の勧奨退職分にくわえて定年退職分にあてるため特例の退職手当債が許可制のもとにみとめられている。この特例債は、平年ベースを上まわる退職手当額を必要とし、将来の人件費の削減により償還財源が確保できる自治体に発行がみとめられ、元利償還にたいする交付税措置はまったくない。

　本来、人件費削減により生みだされた財源は市民サービスにふりむけられるべきものである。退職手当債現在高の構成比は、**図8**のとおり高い比率ではないが上昇しており、2015年度までの間に確実にこの金額がふえていく

であろう。退職手当債を発行した自治体は、後世代にそのつけ回しをすることになり、他の手を尽くしたうえでの最後のぎりぎりの手段とすべきである。

5　実質借金の債務負担行為

　債務負担行為は、将来にわたる債務を負担する行為で、翌年度以降に支出義務をおう工事費・用地取得費や補助金・負担金について設定されることがおおい。
　この債務負担行為は、翌年度以降に必要額を予算に計上して支出していくことになるので、実質的にみれば借金をしていることになる。そこで、債務負担行為額の翌年度以降支出予定額についてもおさえておく必要がある。全自治体の債務負担行為にもとづく翌年度以降支出予定額の総額と構成比の推移は、**図9**のとおり減少傾向にあるが、それでも10兆円をこえる巨額なものになっている。
　なお、「物件の購入等」には、工事請負や土地購入がふくまれていて、この割合がたかい。

6　取り崩される積立金

　自治体は、持続的で安定的な行政をおこなうために年度間の財源変動にそなえておく必要がある。そのため、自治体は、財政規模や税収その他の歳入の状況におうじて「基金」の積み立てをおこなってきた。基金には、財政調整基金、減債基金およびその他特定目的基金の3種類がある。財政調整基金は、年度間の財源の不均衡を調整するための積立金である。この積立金は、

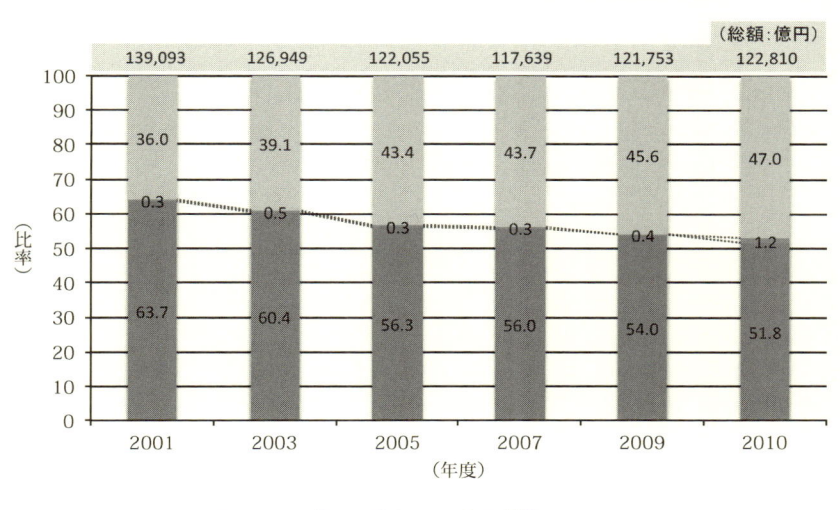

図9　債務負担行為にもとづく翌年度以降支出予定額の目的別構成比の推移（単位：％）

（総額：億円）

年度	総額	物件の購入等	債務保証・損失補償	その他
2001	139,093	63.7	0.3	36.0
2003	126,949	60.4	0.5	39.1
2005	122,055	56.3	0.3	43.4
2007	117,639	56.0	0.3	43.7
2009	121,753	54.0	0.4	45.6
2010	122,810	51.8	1.2	47.0

■物件の購入等　■債務保証・損失補償　■その他

　経済事情の変動などによる財源のいちじるしい不足、災害により生じた経費、災害により生じた減収、償還期限繰り上げの地方債の償還などの場合の財源にあてることができる。減債基金は、通常、毎年、一定の基準で資金を積み立て、地方債の元利償還の財源を確保するために設置される。この基金の設置により、地方債償還の資金負担の平準化をはかるとともに、償還財源の存在によって信用力を維持することもできる。その他特定目的基金は、たとえば「庁舎建設基金」や「公共施設整備基金」などのように、公共用・公用施設の建設など特定目的のために設置される。

　ところで、1990年度以降の予算編成において、地方税の減収をおぎなうために、それまで積み立ててきた各種基金の取り崩しを余儀なくされた。その結果、おおくの自治体では、基金残高が減少あるいは底をついて、枯渇状態になり、税収減や緊急時への対応に支障を生じかねない状況に立ちいたっている。全自治体の積立金現在高は、表9のように増加しているが、前述の借金とくらべてみても心もとないものである。

31

表9　積立金現在高の状況

年　度	2001	2003	2005
財政調整基金	3兆8,472億円	3兆7,653億円	3兆8,805億円
減債基金	3兆1,479億円	2兆7,606億円	2兆940億円
その他特定目的基金	8兆6,891億円	7兆4,616億円	6兆9,986億円
総　額	15兆6,842億円	13兆9,876億円	12兆9,731億円

年　度	2007	2009	2010
財政調整基金	4兆2,161億円	4兆4,748億円	5兆2,373億円
減債基金	1兆8,427億円	1兆6,896億円	2兆841億円
その他特定目的基金	7兆8,799億円	11兆128億円	10兆5,807億円
総　額	13兆9,388億円	17兆1,772億円	17兆9,022億円

7　難題の職員人件費

(1)　依然たかい人件費割合

　自治体は、職員なしには行政をおこなうことができないが、職員の人件費が義務的経費として、財政硬直化の最大の要因となっている。これを歳出総額にしめる人件費の割合である「人件費比率」でみると、**図10**のとおり推移し、年々さがってきているものの、依然としてたかい割合である。前述の経常収支比率の内訳でも同様である。

　また、一般行政職について、国家公務員の俸給額（基本給）を100として自治体職員の給料額（基本給）の水準をしめす「ラスパイレス指数」がある。これが全自治体平均で、100を下まわるようになっているが、政令指定都市平均では100をこえ、その他個々には100をこえている自治体もある。ただ、ラスパイレス指数は、給料水準のひとつの目安であって、勤務内容や勤務実態から自治体職員の給料が国家公務員の俸給を上まわることがあって

図10　人件費の推移（単位：％）

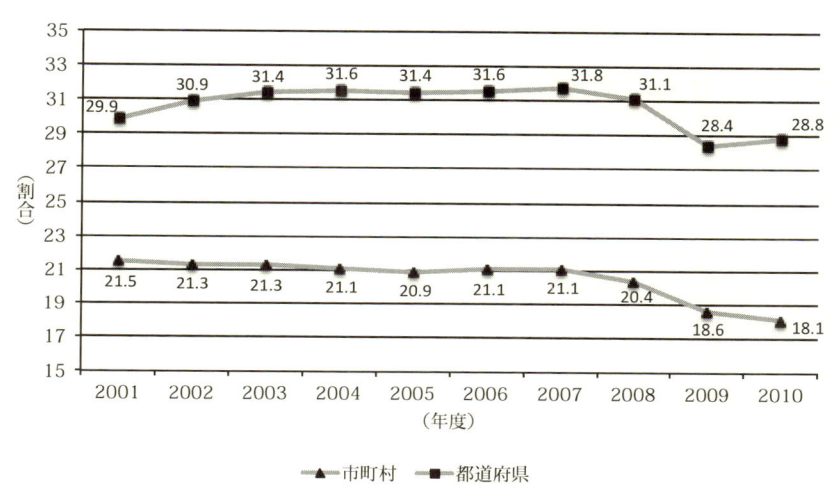

年度	2001	2002	2003	2004	2005	2006	2007	2008	2009	2010
都道府県	29.9	30.9	31.4	31.6	31.4	31.6	31.8	31.1	28.4	28.8
市町村	21.5	21.3	21.3	21.1	20.9	21.1	21.1	20.4	18.6	18.1

―▲―市町村　―■―都道府県

よいのではないか。自治体職員は、給料非難にたいしては市民の信託をうけた仕事でこたえていきたい。

(2) 減員できる職員数

　全国の自治体職員総数は、1994年の328万2,492人をピークに翌年以降、連続して減少し、2001年以降においては**図11**のとおり推移して300万人をきっている。今後も、アウトソーシング（指定管理者導入、外部委託など）、公共施設の市民の自主管理・運営、ＩＴ活用などにより減員をはかっていくべきである。また、きびしい雇用環境下でのワークシェアリングも必要になっている。ところで、適正な職員数の基準は、職員1人あたり人口を目安とすべきであり、1995年ごろには120人程度と考えていたが、現在では180人程度を目安とすべきであろう。だが、ここで留意しておくべきことは、正規職員の削減にともない非正規職員の増大問題がある。一般企業においては、総務省の「労働力調査」によれば、非正規の職員・従業員が年々ふえて、

図11 総職員数の推移（単位：千人）

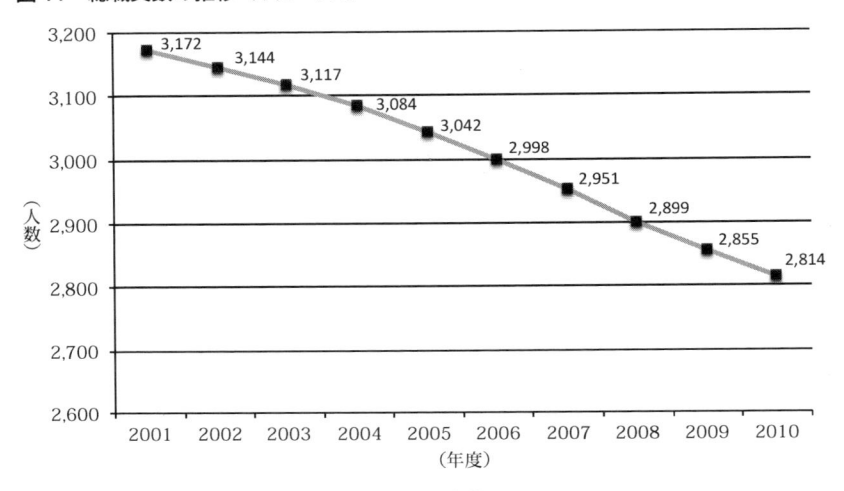

出所：総務省「地方公共団体定員管理調査結果」

2010年平均でその割合は34.3％にまでなり、年間収入199万円以下が男59％、女86％となっている。自治体職員についても、非正規職員がふえており、ほぼ同じ割合になっている（※10）。日本社会の格差の拡大問題として対応すべき重要課題である。自治体の正規職員については、市民の活動時間や利用時間にあわせて、休日・夜間をふくめて、勤務時間の多様化をはかっていくべきであろう。

※10　自治体の非正規職員
　全日本自治団体労働組合（自治労）の2012年6月時点の調査結果によれば、自治体の臨時・非常勤等職員の人員比率は33.1％で、おおくの臨時・非常勤の年間賃金は200万円前後以下となっている（自治体臨時・非常勤等職員の賃金・労働条件制度調査結果）。

(3) 見直されるべき給与体系

　職員給与は、給料（本給）＋諸手当（地域手当、扶養手当、時間外勤務手当、期末・勤勉手当、退職手当、特殊勤務手当など）である。これまで給料表水準のひき下げや職務・職責におうじた給料構造への転換などの「給与構造改革」（2006年度～2010年度）がすすめられ、**表10**のとおり職員1人当たりの平均給料月額は減少している。今後、市民の理解をえるためにも、市民の所得水準や同一自治体内の民間企業労働者の平均賃金との均衡にも配慮していかなければならない。また、職員のモラール向上のためにも、職務・職責や成果・実績におうじた給料体系の徹底をはかっていく必要もある。諸手当についても、かつてはひくい給料をおぎなう意味もあったが、現在の給料水準から減額・縮小・廃止などの余地がある。

表10　職員1人当たり平均給料月額の状況（一般行政職）

2001年	2005年	2010年
357,678円	353,983円	338,195円

出所：総務省「地方公務員給与実態調査」

8　莫大な公共事業投資額

　自治体は、公共事業として、道路、河川・ダム、港湾、公園、住宅、上下水道などを整備をおこなってきている。とくに、バブル崩壊後に、自治体は、国の景気対策としての公共事業に動員され、地方債とセットにされた地方交付税の第二補助金化により地方単独事業を奨励され、景気対策の中心的な役割をになわされた。自治体は、公共事業に公費による莫大な投資がおこなっ

てきたが、その財源の確保のため、規模・能力をこえるような地方債も発行してきた。その結果が返しきれないほどの膨大な額の地方債残高の急増・累積であった。これは、主導してきた国の責任とともに、国の景気対策に安易にのった自治体の責任もおおきく、同じような愚はくり返してならない。

　自治体の公共事業は減少しているとはいえ、公共事業にかかわる支出は巨額にのぼり、歳出決算で土木費がおおきな割合になっている（**図7参照**）。また、地方債現在高の割合では、公共事業にあてる一般公共事業債と一般単独事業債がおおきい（**図8参照**）。なお、一般公共事業債は国の補助金がともなうもので、一般単独事業債は国の補助金をともなわないものである。この公共事業をめぐっては、自治体・国ともに、多額なムダ使いが指摘され、また後を絶たない汚職の温床にもなっている。

9　悪用される一時借入金

　自治体は、会計年度内の支払資金の不足をおぎなうために、予算に借り入れの最高額をさだめて、資金を「一時借入金」として借入れることができる。この一時借入金は、借入れの会計年度の歳入をもって償還しなければならないが、利子については公債費にふくめて償還される。

　一時借入金をめぐっては、前年度と翌年度の出納がかさなる4月～5月の出納閉鎖期間を利用して、翌年度の一時借入金を前年度の一時借入金の返済財源にするいわゆる「自転車操業」がおこなわれた事例がある。これをくり返すことは、実質的に長期借入金となって、それが累積し財政破綻をもたらす原因のひとつにもなる。首長にあたえられた権限を乱用し、制度を悪用するようなことがあってはならないである。

第3章　財政自主再建への挑戦
　　　　　　　　　―小金井市の取り組み

　東京・小金井市は、1995年度とその翌年度に全国市のなかで財政の弾力性をしめす経常収支比率が最悪となった。「再建団体」にしてはならないとのつよい思いで自主再建の道を歩んだ。

1　最悪の財政状況

(1)　111.4％の経常収支比率

　東京・小金井市では、1970年代半ばから赤字団体になる危険性が顕在化し、当時のいわゆる革新市政下における「市長の訴え」にもとづき、全職場ぐるみで日常業務の総点検がおこなわれた。だが、"財政危機"からは脱けだすことができず、ついには財政構造の弾力性をしめす経常収支比率が1995年度に107.0％、その翌年度には111.4％と2年連続して当時の全国市のなかで最もたかく、最悪の状態におちいってしまった。1997年度には職員の退職金の財源にあてる積立金（退職手当基金）も底をついてしまい、東京都の市部ではじめて特例の地方債（退職手当債）を発行するまでにいたった。いってみれば、小金井市財政は破綻状態、「倒産」の寸前にまできてしまい、とうとう財政のがけっぷちに立ってしまったのである。財政の硬直化をみる経常収支比率の内訳では、人件費が52.8％にもなっており、経常収支比率を押しあげている最大の要因であった。また、類似市との比較では、職員がおおむね200人おおいことも明らかになった。
　そこで、破綻・「倒産」をさせないで、財政の立て直しと市の再生のためには、何よりも職員給与の見直しと職員数の削減が緊急課題であった。職員給与の見直しは、職員の生活に直接かかわる問題であり、定年退職前の勧奨退職は、強制されかねないということで難航した。やむをえず、当分の間、欠員不補充の原則により職員数の削減をはかることとし、一部の専門職をのぞいて新規の職員採用をおこなわないこととした。だが、ゼロから2人だけの採用を4年間つづけたが、その結果は、イビツな職員年齢構成と"財政危機"の次ぎなる"人材危機"であった。

(2) 破綻状態からの脱却

「言うは易く、行うは難し」で、当事者の根気と我慢の持続が改革の原動力となる。破綻状態におちいった自治体財政の建て直しには、行政サービスの削減や負担増で市民の痛みをともなうことになるので、市民の理解と協力なしにはやりとげられない。それには、まず何よりも自治体行政内部において、職員による身をけずり、血のにじむような改革の取り組みが大前提になる。

小金井市では、1993年に庁内に市長以下理事者・部長職者で構成する「行財政対策会議」を設置し、行政・財政の本格的な改革に取り組みはじめ、翌年度には客観的な調査・分析をおこなうために「行政診断調査」を外部に委託実施した。1995年度には、庁内の取り組みを発展・強化するために、市長を本部長とする「財政再建推進本部」をおき、翌年度には専任の部長および係長職を配属して、全庁的に組織をあげて財政再建に取り組むことになった。また、同年に議会においても「行財政問題調査特別委員会」が設置され、調査がおこなわれた。1997年度には市民と専門家で構成する「行財政改革市民会議」を設置し、貴重な提言をうけた。

行政・財政の改革の中心課題は、給与の見直しと職員数の削減で、いずれも職員の勤務条件にかかわる問題で職員組合との合意なくしては、実現が困難であった。かつては全国的にも"強い"といわれた職員組合は、1990年に2つに分裂していたため、交渉も別々におこなわなければならなかった。組合交渉の結果、行政・財政の改革の協議は、職場単位で所管部課長が中心となっておこなうことになった。率直にいって、部課長にとっては心労の日々がつづいたが、今回の機会を逃しては自主的な財政再建はありえないということが大方の共通認識であった。職場協議では、職員側から当局にたいする財政破綻にみちびいた責任追及などもあって、激しいやり取りもおこなわれ、感情に走る場面もあった。また、他の職場を名指しでそちらを先に見直すべ

きだという「足の引っ張り合い」にも似た場面もあった。さらに、「当局責任の追及」などの政治・政党レベルや組合運動レベルの意見もあり、「どうにかなる主義」の態度もみられたが、部課長職者も真剣勝負でのぞみ、職員とヒザ詰めの協議をかさねた。その結果、職場には危機意識も浸透し、職員にとって生きた研修の場ともなった。筆者は、職場協議に際して、経常収支比率の算式を模造紙に大書して、破綻原因の説明などもおこなった。このような必死の取り組みによって、最悪の状況から脱し、明るい展望もひらけはじめていたが、普通の水準に近づいたにすぎない。引きつづき、気をゆるめることなく改革をすすめていかなければならない。

2　道なかばの改革

　小金井市の行政・財政の改革は、道なかばにあるが、これまでにどのような成果がでて、どんな課題がのこされているのだろうか。東京都市部（26市）の平均と比較しながら検証してみる。

(1)　弾力性かく財政構造

　自治体が柔軟な行政運営をおこなうためには財政構造に弾力性がなければならない。弾力性が欠ける状態が財政硬直化であり、財政運営がむずかしくなる。

① 　たかい経常収支比率
　自治体の財政構造の弾力性をしめす代表的な指標が経常収支比率である。この比率は、一般的に70％〜80％が適正水準とされているが、東京都市部（以下「市部」という）においても、1994年度から全国平均と同様に適正

第3章　財政自主再建への挑戦－小金井市の取り組み

水準をこえる状況がつづいている。小金井市では 1994 年度から 100％をこえてしまい、1995 年度に 107.0％、その翌年度には 111.4％という当時の全国 668 市のなかで 2 年連続して最悪の状態になった。このような状態がつづけば、当時の「財政再建団体」（現在の「財政再生団体」）に転落してしまうという危機感で改革に取り組んだ結果、ようやく 2000 年度に 100％を切るようになった。経常収支比率の推移は、**図 12** のとおり、市部平均で 90％を前後しているが、小金井市はこれを上まわり依然たかい水準にある。なお、減税補てん債および臨時財政対策債を分母にくわえない場合の経常収支比率は **表 11** のとおりであり、これが実態にちかい。

図 12　経常収支比率の推移（単位：％）

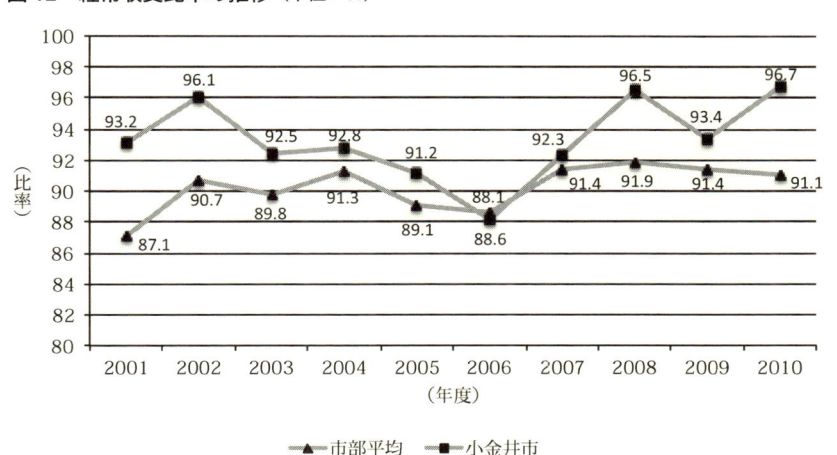

年度	2001	2002	2003	2004	2005	2006	2007	2008	2009	2010
市部平均	93.2	90.7	89.8	91.3	89.1	88.1	91.4	91.9	91.4	91.1
小金井市	87.1	96.1	92.5	92.8	91.2	88.6	92.3	96.5	93.4	96.7

出所：（財）東京市町村自治調査会「市町村財政力分析指標」。以下図 13 ～ 15・18 ～ 20 も同じ

表 11　減税補てん債・臨時財政対策債を分母に加えない場合の経常収支比率

年　度	2001	2002	2003	2004	2005	2006	2007	2008	2009	2010
市部平均	90.2	96.3	96.8	96.9	93.3	91.8	93.6	94.4	96.0	96.4
小金井市	96.8	102.7	102.4	102.6	98.3	93.3	96.5	100.8	99.5	104.1

出所：東京都総務局「東京都市町村普通会計決算の概要」

② 気をゆるめられない公債費負担

　公債費は、長期借入金である地方債の元利償還金であって、必ず償還しなければならない義務的経費である。この公債費の一般財源（地方税や普通交付税など使いみちが自由な財源）にしめる割合が公債費比率（※11）である。この比率は一般的に10％をこえないことが望ましいとされている。

　公債費比率の推移は、**図13**のとおり低下傾向にあり、市部平均では10％を下まわるようになっており、小金井市においても同様の状況にあるが、市部平均を上まわっており、気をゆるめることができない。

　連結決算の考え方にもとづき、公債費的な性質をもつ準元利償還金もふく

図13　公債費比率の推移（単位：％）

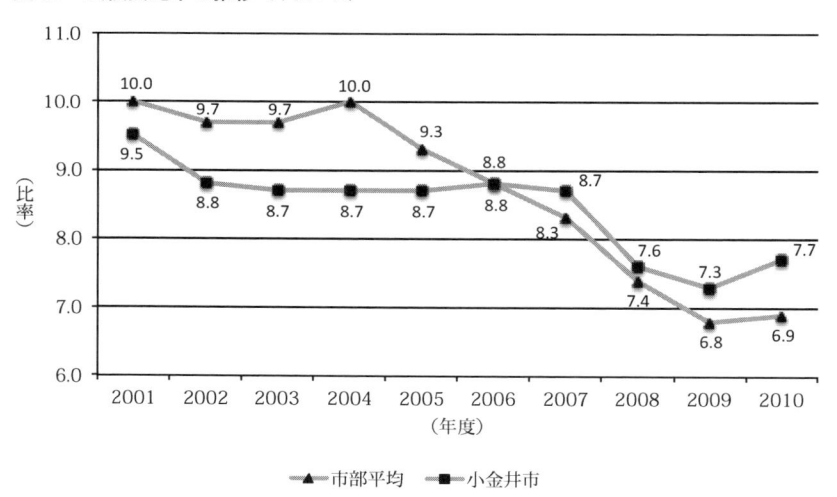

年度	2001	2002	2003	2004	2005	2006	2007	2008	2009	2010
市部平均	10.0	9.7	9.7	10.0	9.3	8.8	8.7	7.4	6.8	6.9
小金井市	9.5	8.8	8.7	8.7	8.7	8.8	8.3	7.6	7.3	7.7

※11　公債費比率と公債費負担比率

　公債費負担比率は、公債費と一般財源の関係をみる指標で、公債費にあてられた一般財源の額が一般財源総額にしめる割合をあらわす。この比率がたかくなるほど一般財源にゆとりがなくなることをしめす。公債費比率は、後年度の負担をみる指標で、標準財政規模に対する公債費にあてられた一般財源のしめる割合をあらわす。地方債の発行の状況を判断するためのもので、この比率がたかいほど財政の硬直化がすすんでいることになる。地方財政状況調査（決算統計）では、公債費負担比率がつかわれているが、東京都の市区町村普通会計決算集計では公債費比率がつかわれている。

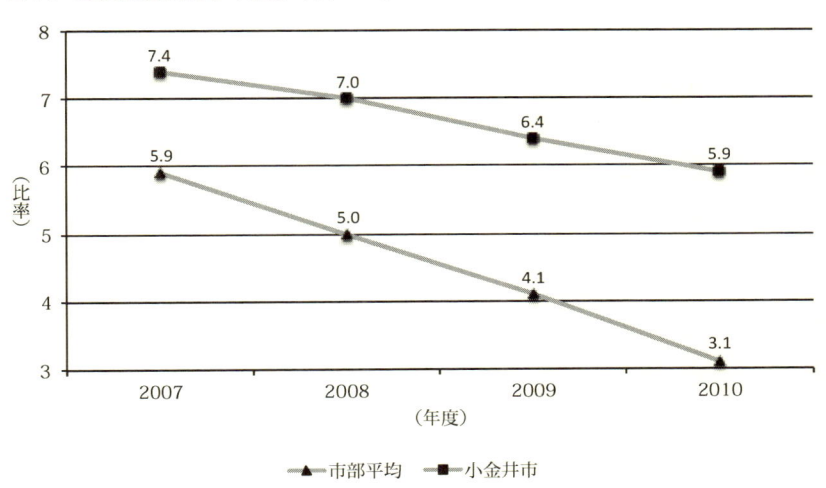

図14　実質公債費比率の推移（単位：%）

年度	市部平均	小金井市
2007	7.4	5.9
2008	7.0	5.0
2009	6.4	4.1
2010	5.9	3.1

めた実質公債費比率では18％以上で地方債の発行に許可や制限がくわわる。

実質公債費比率は、**図14**のとおりひくい比率で推移しているが、小金井市は市部平均よりたかい。この指標の変化にも注意が必要である。

③　さらなる削減対象の人件費

人件費は、特別職の報酬、職員の給料・諸手当など勤労の対価として支払われる経費をいい、必ず支払わなければならない義務的経費である。人件費の中心は、職員の給与（給料＋諸手当）である。歳出総額にしめる人件費の割合が人件費比率である。人件費は、支出を義務づけられる義務的経費であるから、この比率がたかいほど財政硬直化の要因となる。

人件費比率の推移は、**図15**のとおり、市部平均で2008年度に20％をきって以来さらに低下傾向にあるが、小金井市では、おくれて2010年度に20％をきるようになっているものの、依然として最上位のグループにある。ちなみに、小金井市の市税にしめる人件費の割合は、かつて50％後半にあったが、今では40％前半にまで下がっているものの、納税市民の感覚からか

図15 人件費比率の推移（単位：%）

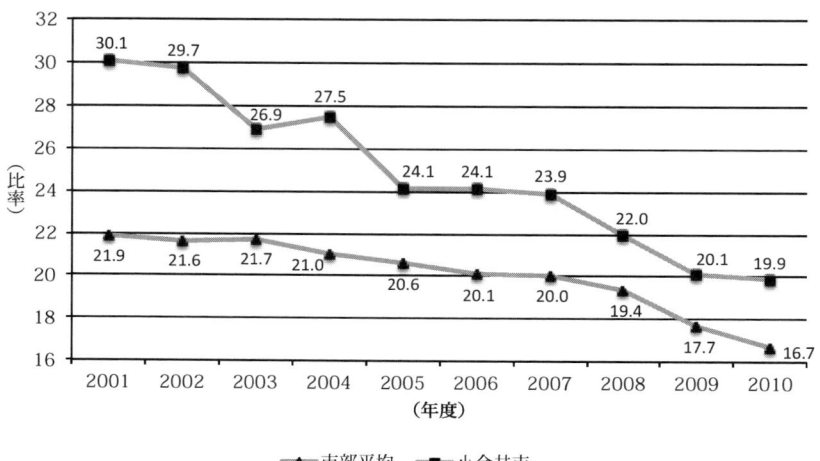

グラフデータ：
市部平均：2001年 21.9、2002年 21.6、2003年 21.7、2004年 21.0、2005年 20.6、2006年 20.1、2007年 20.0、2008年 19.4、2009年 17.7、2010年 16.7
小金井市：2001年 30.1、2002年 29.7、2003年 26.9、2004年 27.5、2005年 24.1、2006年 24.1、2007年 23.9、2008年 22.0、2009年 20.1、2010年 19.9

け離れた割合ではないか。

　また、一般行政職について、国家公務員の俸給額（基本給）を100として自治体職員の給料額（基本給）の水準をしめすラスパイレス指数がある。ラスパイレス指数は、総務省の関与もあって年々さがっているが、これは給料水準のひとつの目安であって、勤務内容や勤務実態から自治体職員の給料が国家公務員の俸給を上まわることがあってもよいであろう。

④　計画かい離の職員数

　給与総額を押しあげるおおきな要因が職員数である。自治体は、高度経済成長期における行政需要の増大を背景に職員の大量採用をおこなってきた。これが小金井市では顕著にあらわれていたが、これにくわえて1960年代から1970年代にかけて清掃現業員や施設警備員の正職員化などもあって、1971年度に119人、1973年度に204人もの大量の職員採用をおこなった。その結果、職員総数は1979年度にピークの1,130人にまでふえて、職員数の削減がおおきな課題となった。そこで、**図16**のとおり1994年度の1,024

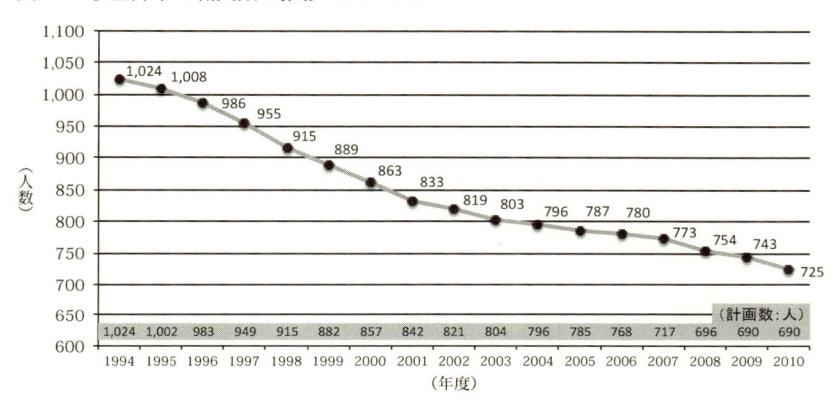

図16　小金井市の職員数の推移（単位：人）

出所：小金井第3次行財政改革大綱

人を基準にして計画的に減員をはかることとした。その取り組みの結果、おおはばな減員をはかってきたが、2010年度の職員数725人は計画数の690人を35人上まわって、計画とのかい離が生じている。また、職員1人当たり市民数については、かつて120人程度と考えていたが、現在では180人程度をひとつの目安とすべきであろう。職員1人当たり市民人口は、**図17**のとおりであり、市部平均では年々増加し、2010年度に161人となっている。小金井市においては職員数ピーク時の1979年度に87.6人であったが、とくに1995年度からの職員数の削減により増加し、市部平均に並んだ時期もあったが、2004年度以降には市部平均を下まわるようになっている。小金井市の取り組みの強化がもとめられる。ただ、このような職員数のおおはばな削減による"財政危機"からの脱却後に"人材危機"がくるのではないかと危惧してきた。少数精鋭の計画的な職員採用と人材育成が重要課題である。

図17　職員1人当たり市民人口（単位：人）

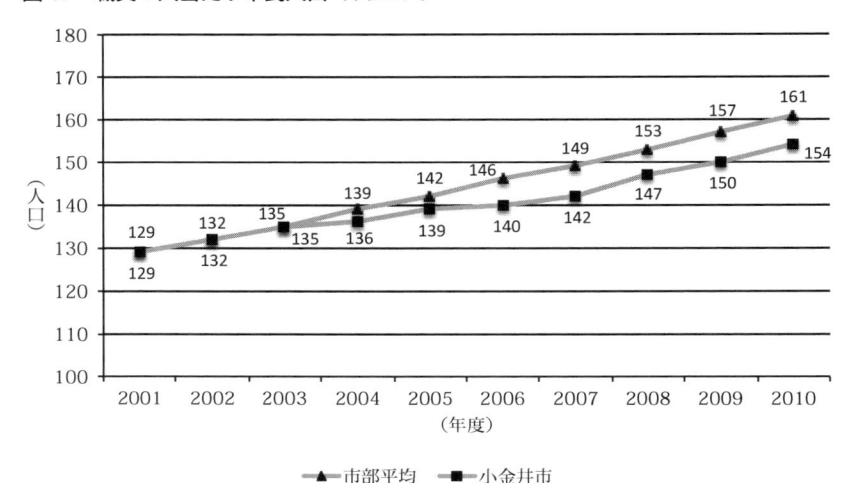

注：4月1日現在の住民基本台帳人口（外国人登録人口はのぞく）および職員数による。

⑤　職務におうじた職員給与

　給与総額は、個々の職員の給与額と職員数とによってきまる。職員の給与は、給料（基本給）に各種手当をくわえたものである。小金井市における職員の給料については、長年の懸案事項であった、年齢におうじて額をきめる年功序列型の「通し号俸」方式から職務と責任を基準にきめる「職務給」方式への切りかえ、完全な職責におうじた給料表の導入、運用で本来の給料より上位の給料を支給する「わたり」の廃止などをおこなってきた。また、特殊勤務手当については、20種類を6種類に限定し、さらに現在では全廃している。

　職員1人当たりの給料月額（一般行政職）は、**表12**のとおりであり、高いことだけをもって非難されるべきものではないが、さらなる見直しがもとめられる。なお、職員の給料総額は、年功序列型の給料体系のもとにあっては職員の年齢構成もおおきく影響する。

表12　職員1人当たり平均給料月額（一般行政職）の状況

年　度	2001	2005	2010
市部平均（円）	373,100	364,800	337,900
小金井市（円）	394,700	372,500	315,900

出所：各市「給与実態調査結果」

⑥　借金による退職金

　職員の退職金（退職手当）をめぐっては、高度経済成長期に戦後のベビーブーマー世代（いわゆる団塊世代）を中心として大量採用した職員が2007年度から定年退職することから「2007年問題」とされた。小金井市にはいち早くその現象があらわれたともいえるが、前述の清掃現業職員と公共施設警備職員の正職化による中高年職員の大量採用という事情がくわわっていた。1996年度末の退職金の積立（退職手当基金）の残高が1人の退職金にも足りない534万円余りとなって底をついてしまった。翌年度の退職金は、一般財源でまかないきれず、職員の退職金を支払うために借金をせざるを得なくなり、退職手当債の発行を余儀なくされた。きびしい許可条件をクリアーしての特例の退職手当債であり、当初、定年退職者33人分、8億9,500万円の許可申請をしたが、許可権限をもつ東京都が市からの徹底したヒヤリングをもとに、当時の自治省と協議をかさねた結果、7億円の起債許可がきまった。その後、さらに内部の経費節減や繰越金の減額により、最終的には6億5,000万円の退職手当債を発行して、1997年度会計は赤字をださずに終了することができた。翌年度の退職金は、何とか一般財源でやりくりしたものの、先行きに見限りをつけたのか、予想をこえる普通退職の希望者があり、退職時期の引伸ばしに協力してもらうなどして急場をしのいだ。

(2) 不安定な財政基盤

① 強化すべき財政力

　自治体は、財政基盤が安定化することによって地域に根ざした独自の政策を積極的におしすすめることができる。この財政基盤がどの程度まで安定しているかをみる指標が財政力指数で、これが1をこえ、たかくなるほど財政力がつよいことをしめす。通常、過去3年間の平均値をさすが、単年度で1未満の自治体に地方交付税（普通交付税）が交付される。東京都市部は、全国的にみると税収にめぐまれており、比較的に財政力がつよいとされているが、個別にみれば26市中7市程度が継続して普通交付税の不交付団体となっているのが現実である。このようななかで小金井市の財政力指数は、1990年代から2000年代当初にかけて1を前後していて、不安定な財政運営をしいられていた。これが、**図18**のとおり2004年度からは1以上になり、市部平均を上まわり、以前よりは財政基盤が安定してきているが、普通交付税

図18　財政力指数の推移

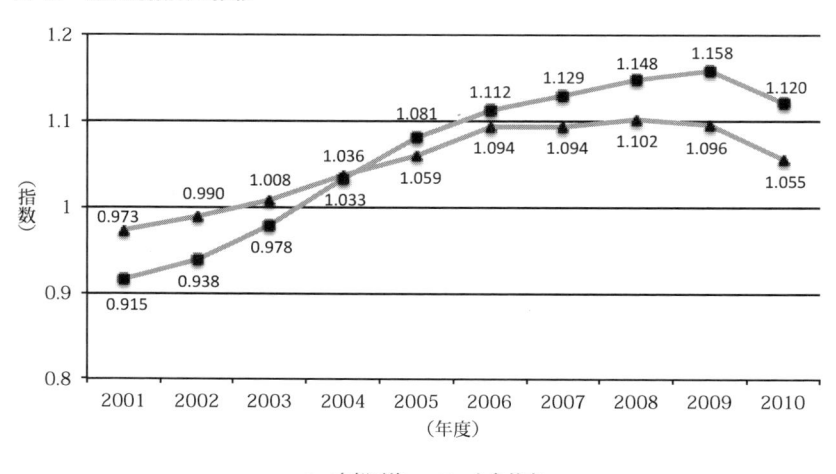

年度	市部平均	小金井市
2001	0.973	0.915
2002	0.990	0.938
2003	1.008	0.978
2004	1.033	1.036
2005	1.059	1.081
2006	1.094	1.112
2007	1.094	1.129
2008	1.102	1.148
2009	1.096	1.158
2010	1.055	1.120

48

第3章　財政自主再建への挑戦－小金井市の取り組み

は年度によって交付されたり、されなかったりしている。小金井市においては、とくにゴミ処理施設の建設が緊急課題となっているが、一方で、経済の低迷状況などから税収が伸びなやみ財源の確保に苦慮している。

② 収増の余地ある市税

自治体の財源には、地方税のように自治体がみずからの手で徴収・収納できる「自主財源」と国庫補助金や地方債のように外部の資金に依存する「依存財源」とがある。

このうち、財源全体にしめる自主財源の割合をしめす「自主財源比率」により自治体運営の自立度や安定度をはかることができる。

自主財源比率の推移は、図19のとおり、市部平均がおおむね60％で、小金井市はこれを上まわるようになってきた。だが、ＪＲ沿線の隣接市よりひくく、駅周辺整備などにより税収増の余地がある。

図19　自主財源比率の推移（単位：％）

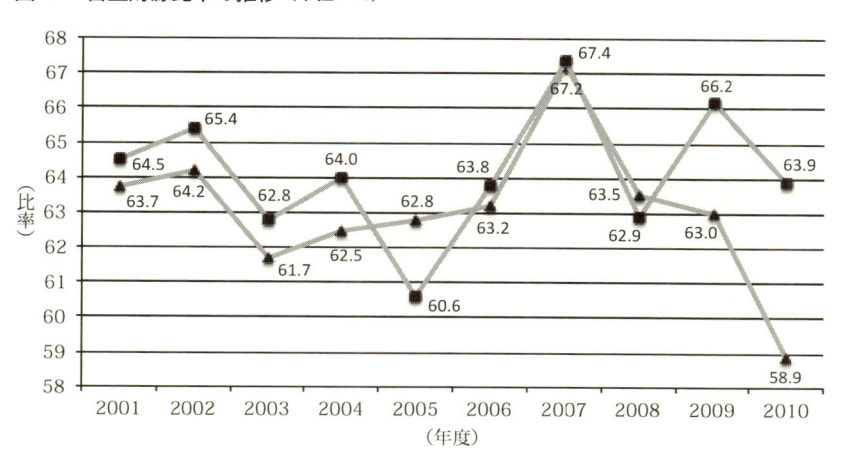

年度	市部平均	小金井市
2001	63.7	64.5
2002	64.2	65.4
2003	61.7	62.8
2004	62.5	64.0
2005	60.6	62.8
2006	63.2	63.8
2007	67.2	67.4
2008	63.5	62.9
2009	63.0	66.2
2010	58.9	63.9

49

(3) 心もとない積立金

　積立金（基金）には、年度間の財源の不均衡を調整するための財政調整基金、地方債の元利償還の財源を確保するための減債基金および公共施設の建設資金の積み立てなどのための特定目的基金がある。このうち標準財政規模（標準的な行政運営に必要な一般財源の総額）にたいする財政調整基金の積立割合についてみる。

　この積立割合は、**図 20** のとおり、市部平均が 7％〜10％で推移しているが、小金井市では 2000 年度までの数年間 0％がつづき、2001 年度にようやくにして 1.0％になり、その後、上位グループにはいるようになっている。だが、基金全体でも災害時などの不測の事態への備えや公共施設の更新などを考慮すれば心もとない現状にある。

図 20　積立割合 (財政調整基金現在高) の推移（単位：%）

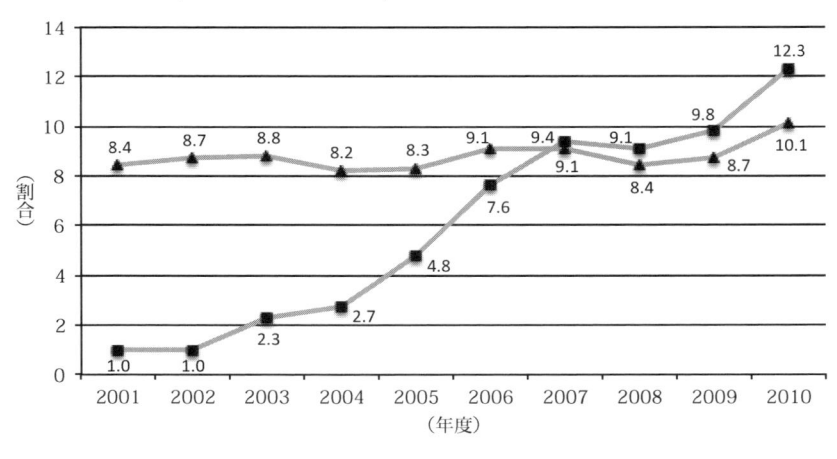

年度	2001	2002	2003	2004	2005	2006	2007	2008	2009	2010
市部平均	8.4	8.7	8.8	8.2	8.3	9.1	9.4	9.1	9.8	10.1
小金井市	1.0	1.0	2.3	2.7	4.8	7.6	9.1	8.4	8.7	12.3

3　福祉行政分野での実践

　福祉行政分野についても、「聖域化」せずに見直しをおこなった。現金や現物による福祉サービスは既得権化されやすく、見直しには「福祉サービスの切りすて」として反対・抵抗がつよかった。時を同じくして、介護保険制度の導入にむけて、介護基盤の整備が待ったなしの緊急課題であった。カネがないなかであっても、「保険あって、サービスなし」としないために、どのようにして介護基盤を整備するのか。当時は「公設公営」から「公設民営」への流れが主流であったが、これを一歩すすめ保健福祉計画に「民設民営」を明確にして誘致をはかった。

(1)　敬老金の廃止

　敬老金は、75歳以上の高齢者全員に毎年、現金支給していたが、1998年度から廃止した。ただし、つよい廃止反対の意見との妥協で、88歳・99歳・100歳以上の節目に商品券や記念品を贈ることとなった。この見直しにより生みだされた財源は優先度のたかい介護福祉施策に振りむけることとし、該当者全員に市長名でその旨を書面にしたため郵送したが、数件の問合せがあった程度で、とくに反対意見はよせられなかった。また、高齢者の集まりなどの市長挨拶では同趣旨の内容に必ずふれていただいた。ちなみに、1人当たり支給額は、5千円であったが、対象者は年毎にふえ、1998年度からの5年間だけの合計額が約2億円見込まれていた。この経費の財源は、すべて一般財源でまかなわれていた。これは、ちいさな改革であるが、既得権や政治がらみもあって、意外にむずかしかった。

(2) 福祉共同作業所の委託

　福祉共同作業所は、高齢者および障害者の働く場として、4人の常勤職員を配属し、直営で運営していたが、1998年度から実績のある社会福祉法人に委託した。委託化にあたっては、利用者、市議会議員および市職員で構成される「運営協議会」において協議をかさねたが、サービスの低下になるとのつよい反対意見もあった。また、議会においても繰り返し反対意見もだされたが、従来以上にサービスが向上するとの見通しから委託にふみきった。委託後の運営は、利用者からも好評で、経費的にも従来の3分の1程度の削減ができた。

(3) 保育料値上げと条例化

　保育所保育料の引き上げは、反対意見がつよく難関であったが、1999年12月議会への条例の提案・審議と6園の父母説明会を並行しておこない、2000年度から実施することになった。保育料の徴収については、それまで規則によっていたものを条例によることとした。保育料は、児童福祉法にもとづいて保育所の保育に要する費用を支弁した市町村の長が本人・その扶養義務者から徴収することができるとされている。機関委任事務制度のもとでの国の解釈は、保育料が児童福祉法に直接の根拠をもつ「負担金」であって、その徴収は市町村長の権限であるから規則でさだめればよいとされていたことから、ほとんどの市町村が規則でさだめてきた。これを条例化した論拠は、①保育の実施責任が市町村にあること、②保護者に保育料納付の義務を課すものであること、③多額な税財源がつかわれること、④自治体の重要事項は条例によるべきことであった。議会では、議決対象とされたことから歓迎されたが、保育料値上げの議会審議での対応におおいに汗をかいた。現在でもおおくの市町村が規則によっているが、条例化すべきではないか。

(4) 介護基盤の整備と介護保険制度の導入

① 特別養護老人ホームの整備

　高齢化の急速にすすむなかで、市民の切実なニーズとして、特別養護老人ホームの建設があった。これを基本計画にのせていたが、財源の見通しがつかないことからその実現が先送りされてきた。ところが、2000年の介護保険制度の導入をひかえて、「保険あって、サービスなし」にさせないためにも、特別養護老人ホームの建設は待ったなしの状況にあった。そこで、財政は、「倒産」・破綻状況にあり、全庁あげての行財政改革の最中であったが、保健福祉計画において2000年度を目標に、質のよいサービスを確保しながら財政負担を最少におさえる手法として、社会福祉法人による建設を促進することにした。その後、実績と熱意をもっていた社会福祉法人から住宅地のなかにある国有地の払い下げをうけて建設したいとのことで相談をうけ、部課長が法人の理事長・役員とも同道するなどして、国の担当部局に何回か払い下げを要請し、当時の市長にも働きかけてもらった。その結果、時価の30％以上の減額による払い下げがきまった。用地取得費については、国庫補助の対象外であったが、東京都に独自の補助制度があり、こちらにも何回か要望にいき、やはり市長にも動いてもらい、補助金がつくことになった。建設費については、国補助金のほかに自己資金が必要であり、この自己資金分の借入金の元利償還金相当額について、市から社会福祉法人に助成できるとの社会福祉法の規定および助成手続を定めた条例にもとづき、債務負担行為により補助金を交付することとした。こうして、2000年4月1日の介護保険のスタートと同時に在宅サービス機能をフル装備した特別養護老人ホーム（80床）が開設された。在宅サービスでは、デイサービス（20人定員）、ショートステイ（20床）、ホームヘルプサービスのほか、在宅介護支援センター（現在は地域包括支援センター）も併設された。現在では、おおくの市民ボランティアの支援もあって、利用者・家族の満足のいく質のよいサービスが提供

されている。なお、財政破綻状況のなかでの取り組みとして、1999年のＮＨＫテレビの首都圏ニュースで放映された。

② 介護福祉条例の制定

　2000年度の介護保険制度の導入で、保険者となるすべての市区町村は介護保険法にもとづいて、保険料や法定給付の上乗せなどの11項目について条例でさだめることとされていた。ちょうど2000年分権改革ともかさなり、国では条例準則をしめすことができないことから、当時の厚生省は、「何市(区、町、村)介護保険条例〈参考例〉」をしめしていた。ほとんどの市区町村は、ほぼこの参考例にしたがった内容・題名の条例を制定していた。しかし、高齢者の介護は、介護保険制度が重要な部分をしめているが、これだけで完結するものではないことから、法定事項以外の事項についても盛りこんだ条例を制定することにした。たとえば、在宅生活支援事業や介護サービス苦情調整委員（通称「介護オンブズマン」）などの条項を付加し、題名も「介護福祉条例」として介護にかんする総合的な条例として位置づけた。なお、介護オンブズマンは、その後、独立の条例が制定され、「福祉サービス苦情調整委員」（福祉オンブズマン）へと拡充されている。ところで、介護保険の分野では、自治体側のもとめもあって、法の解釈運用については、多数の通知のほか「Ｑ＆Ａ」がだされ、自治体は、事実上これにしたがっている。介護保険の事務は、自治事務であり、これでよいのだろうか。

③ 老人保健施設の整備

　1997年には、上述の特別養護老人ホームの整備に先がけて、近隣市で実績をもつ当時の財団法人により病院と在宅をつなぐ中間施設としての役割をもつ老人保健施設（入所97人・通所60人）が開設されている。これも、保健福祉計画にもとづき、市が財政的援助により積極的に誘致したものである。誘致に際しては、市内診療所院長の仲介の労があった。この施設も上述の特別養護老人ホームと同様に適正配置に配慮した高齢者福祉施設の皆無の

地域への整備で、在宅福祉機能をフル装備するものであった。在宅福祉サービスとして、通所リハビリ、訪問看護・介護およびショートステイのほかに老人介護支援センター（現・地域包括支援センター）を併設している。その後、グループホームも併設し、「地域における在宅復帰支援と在宅生活継続支援」の基本方針のもとに地域にひらかれた運営がおこなわれている。

第4章　継続・公開と行政手法の転換

　行政・財政の改革は、気をひきしめて継続し、改革をすすめるにあたっては行政・財政の実態を公開することが肝要である。また、改革には、従来の発想・枠組みをこえた行政手法の転換がもとめられる。

1　行政・財政改革の継続

(1)　改革の主体性

　自治体の行政・財政の改革は、自治体がみずから主体性をもって、自主的・積極的にすすめていくべきものである。国から行政改革の指針の策定などによる「技術的な助言」があるが、これはあくまでも参考にすべきものであって、これにとらわれすぎてはいけない。

　自治体は、現今の逼迫した財政状況から、行政・財政の改革により、徹底したスクラップ（スクラップ・スクラップ・スクラップ）の上でのビルドなくしては行財政運営に困難をきわめる。また、自治体は、自治・分権の潮流、少子高齢・人口減少、ＩＴの高度化、経済のグローバル化などの構造的な環境変化に対応してみずからを改革せずには存続していけない。したがって、自治体の行政・財政の改革は、人減らし・仕事減らしの単なる行政の減量にとどめることなく、同時に行政の質をたかめるものでなければならない。そのために、従来の発想・枠組みをこえたあらたな行政手法を開発・導入していく必要もある。

　また、改革大綱・方針や行革プランにおける改革事項の数値目標は、類似市平均などとする「横並び主義」も見うけられる。もちろん、自治体間の比較分析も必要であるが、それはあくまでも参考とすべきものであり、本来あるべき目標（たとえば、経常収支比率であれば70〜80％にちかい目標数値）を基準におくべきである。行政・財政の改革においても、自治体間競争はおおいに歓迎すべきことであり、先駆例から学ぶべきであるが、後追いにおわらせてはならない。横並び主義や後追いのやり方は、あまりにも安易すぎないか。

(2) 終わりなき改革

　自治体では、5年スパン程度の行政・財政の改革大綱・指針や行革プランを策定し、改定・更新しながら改革をすすめている。だが、その実施状況をみると、目標の未達成や達成度のひくい項目もおおくみられる。小さな改革でも1つの実現は、次の改革にむすびつくが、一角がくずれれば改革は停滞する。まずは、みずからが策定した改革計画の完全実施につとめ、安易に次期の改革大綱・指針や行革プランに先送りするようなことがあってはならない。改革計画の改定・更新にあたっては、行政評価の結果も生かしていくべきである。行政・財政の改革は、税の使い方にかかわることであり、気をゆるめることなく、継続していかなければならない。「継続は力なり」であり、行政・財政の改革にも終わりはないのである。

2　財務情報の公開

(1) 最低限の法定公開

　自治体の情報公開は、全国的にすすみ、定着してきている。財務情報では、予算の要領、監査結果、決算の要領および財政状況の4つについて地方自治法の規定にもとづき広報紙などにより公表されている。また、自治体職員の給与の状況については、地方公務員法にもとづき同様に公表されている。公表の内容は、ほぼ全国的に画一化されたものである。これらの公表自体はよいとしても、法律にさだめられているからということで、あまりにも形式的になってはいないか。一般市民に分かりやすいものになっているのだろうか。情報の内容は十分なのか。主権者・納税者である市民には、税金の使いみち

にかかわる財務情報を知る権利があり、市民、議員、長・職員が情報を共有することから市民参加の政策論議もふかまる。法律できめられた枠をこえた財務情報の公開がもとめられる。また、市民の監視のもとに財政規律を保持するためにも財務情報の公開は不可欠である。

(2) 不都合情報の公開

財務情報の公開には、つぎのようなことがもとめられる。
① かりに行政当局側にとっては不都合と思われる情報であっても公開する。情報隠しがあってはならないし、一部の担当職員のみぞよく知るという状況であってもならない。
② 専門用語や難解で役所内でしか通用しないような言葉や表現でなく、一般市民にわかりやすい言葉・表現にする。実はこれがむずかしいことで、正確を期そうとすると難解になりやすく、わかりやすさを期そうとすると正確さを犠牲にすることにもなりかねない。自治体職員の知恵のだし所である。
③ 予算にかんして、事業の概要や積算根拠などがわかる説明資料を作成して、希望する市民へ配布し、ホームページに掲載する。
④ わが自治体の行政水準がわかるように、他の自治体と比較できる指標などを作成・公開する。この場合に、類似団体だけでなく、近隣自治体、都道府県平均、全国平均などとの比較をする。
⑤ 財務指標については、わが自治体の全財務状況を知ることができるよう、第三セクターや外郭団体をふくめた連結指標も作成・公開する。

(3) 決算情報の公開

自治体は、毎年度、地方財政状況調査（決算統計）の集計結果の総括表である「決算カード」（決算状況）を作成している。この決算カードは、歳入・

歳出決算額、財政力指数、経常収支比率、地方債現在高、積立金現在高などを知ることのできる最も基本的な資料である。総務省のホームページで公開されているが、近年、自治体でも公開されるようになってきている。ただ、決算カードだけでは、その内容を理解しにくいので、読み方についてもわかりやすい解説をのせる必要がある。あわせて、類似団体、近隣自治体、都道府県平均、全国平均との比較表も作成し、公開すべきである。

また、自治体では、決算統計の一環としておこなわれている「公共施設状況調査」の集計結果をまとめた「公共施設状況カード」を作成している。だが、この公開はすすんでいない。公共施設の老朽化にともなう建て替え、大改修の時代にあって、公共施設の現状を市民が知るためにも公開していくべきである。

3　行政手法の転換

行政・財政の改革の究極のねらいは、行政の質をたかめることにある。そのためには、あらたな行政手法への転換ももとめられる。

(1) 行政評価の活用

行政評価は、おおくの自治体でこころみられているが、実務現場には煩雑な事務がふえただけだという思いがないだろうか。行政評価は、行政の実施状況を評価し、その評価結果を活用するためにおこなわれる。まず、短期的な活用として、第一に、行政評価の結果を当該年度の決算に連動させることである。行政部局はもちろんのこと、監査委員の決算監査および議会の決算審査・審議の資料としても活用されるようにすべきである。第二に、前年度の行政評価の結果を翌年度の予算編成に反映することである。これにより必

要度・緊急度のたかい事業が選択され、予算のムダもはぶける。つぎに、中長期的な活用として、第一に、行政評価の結果を行財政の改革に生かすことである。これにより、ムダ・ダブリ・スタレの施策を排除することができる。第二に、一定期間における行政評価の結果を自治体計画の策定・改定に反映させることである。これにより、自治体計画は、説得力のある実現性のたかいものになることが期待される。

(2) 予算決算手法の改革

① 予算と自治体計画との連動

　予算は、自治体政策の基軸となる長期総合計画を中心とした自治体計画に連動したものでなければならない。そのため、自治体計画は、政策の展開を持続可能なものとしていくために財源の見通しをもったものであると同時に、自治体予算は、自治体計画にもとづいた政策の実現をはかるものでなければならない。さらには、財源の限界・枯渇状況のもとにあっては、予算編成時においても再度の政策の選択と重点化が吟味されなければならない。

② 事業別予算書の作成

　現行の款項目節別の予算書では、事業ごとの人件費をふくめたコストと採算があきらかにならならない。これでは、事業主管部門や予算担当部門など予算編成にたずさわった一部の職員をのぞいて、市民のみならず、議員、首長・職員までもが個別事業の内容を把握することができない。個別事業の必要性や優先度などを判断するためにも、一般市民にもわかりやすく形にして個別事業の人件費をふくめたコストなどをのせた事業別予算書を作成し、公開すべきである。すでに作成している自治体にあってもこれで事足りるとするのではなく、さらに工夫してわかりやすいものにすることがもとめられる。また、これとは別に、原価計算と事業採算を明らかにした統一シートの作成ものぞまれる。

③　施策根拠の提示

　自治体は、根拠にもとづく行政をおこなうために、予算化しようとする事業については、その実施根拠となる法令・条例以外にも規則・規程や要綱の制定・提示を徹底させるべきである。そこでは、法令の自治解釈や条例・規則の自治立法があり、後述の政策法務の一展開ともなり、市民への説明責任をはたすことにもなる。このような根拠となる法などの裏づけがない場合には、予算要求をみとめないことを原則とすべきであろう。

④　枠配分方式の導入

　予算の枠配分方式は、従来の積み上げ方式や前年度実績にもとづく増分主義での予算編成の方法にかえて、各部門にあらかじめ一定の予算枠を配分し、その範囲内で各部門の主体的判断による予算編成をおこなわせるものである。枠配分方式の導入は、単なる事務の簡素化や財政部門の負担軽減でおわらせてはならず、庁内分権化をともなった組織機構の改革を必要とする。また、予算の枠配分方式にあわせて、所管課における経費の節減や収入増加にたいしては、その一定割合を次年度予算に加算するなどインセンティブ（報奨）の付与もとりいれてよいのではないか。

⑤　財務諸表の作成

　現行の単式簿記・現金主義による官庁会計方式には、ストック情報やコスト情報の不足などの欠陥がある。そこで、発生主義の活用と複式簿記の考え方を導入して、バランスシートや行政コスト計算書などの財務諸表の整備・公開がおこなわれるようになってきている。財務諸表の作成については、総務省方式がしめされているが、これらも参考にしながら、それぞれの自治体が十分に活用でき、市民にわかりやすい財務諸表を工夫する必要がある。さらに、予算の執行段階から複式簿記・発生主義の考え方を導入することも検討すべきであろう。

⑥ 「その他の経費」の分析

予算・決算の歳出では、自治体の経費構造を分析し、特質を知るために、目的別経費とは別に性質別経費でも集計している。この性質別経費は、義務的経費（人件費・扶助費・公債費）、投資的経費（普通建設事業費・災害復旧費・失業対策費）およびその他の経費（物件費・維持補修費・補助費等・操出金・積立金など）に区分されている。かつては、義務的経費と投資的経費の対比が議論の中心であったが、委託料、維持補修費および操出金の増大などから「その他の経費」にも注目しなければならない。また、性質別の３区分については、財政構造の実態をより把握しやすいよう自治体独自に組み替えについても工夫する必要がある。

(3) 使いきり予算との決別

自治体の予算は、家計とはちがって計上された金額を使いきることだといわれた時代があった。しかし、財源の限界・枯渇状況のもとにあっては、使いきり予算の考え方とは決別しなければならない。予算編成における厳密な見積りとともに、予算執行の段階においても、徹底した経費の節減がおこなわれなければならない。自治体・国の保有するカネは、市民が税金として納めた"公金"であって官（職員）が自由につかえる"官金"ではないのであるから、本来そうでなければならない。そこで、決算における予算の「執行率」については、その高低だけでなく、節減の内容をみていかなければならない。また、「不用額」についても、額の多少だけでなく、執行率と同様に、節減の内容もみていかなければならない。

(4) 入札・契約制度の改革

自治体の入札・契約をめぐっては、不明朗な契約手続、契約情報の漏えいや談合などの違法・不正行為によって公金のムダづかいがあとを絶たない状

況にある。

　そのため、自治体の入札・契約制度については、透明性・公正性を向上させること、競争性をたかめること、不正行為を防止することなどを目的とした改革が課題となっていた。

　入札・契約制度の改革は、例外的な契約方法の厳格な適用と一般競争入札の適用範囲の拡大、条件付一般競争入札・公募型指名競争入札の導入、郵便入札・電子入札の導入、入札情報の事前・事後の公表、入札評価・監視のための第三者機関の設置、総合評価方式の導入、プロポーザル方式の実施など多方面にわたる。また、自治体は、不正をおこなった契約の相手方にたいして、納税者からの住民監査請求・住民訴訟をまつまでもなく、損害賠償をもとめる訴訟も辞さないきびしい姿勢でのぞむ必要がある。

　なお、地域内事業者の優先発注などの悩ましい問題についても、契約手続の透明性・公平性や公金の効率的使用などの観点をふまえて、適切に対応しなければならない。

(5) 情報通信技術の高度活用

　自治体は、行政情報の提供、パブリックコメント、市民と役所や自治体間・国との手続などについて、コンピュータやネットワークなどの情報通信技術（IT・ICT）を活用して、市民の利便性の向上や行政事務の合理化・能率化をはかってきている。情報通信技術は、今後さらに広範にわたり高度に活用されるべきであるが、この関連で、本人の識別・確認のための共通番号制度の導入をのぞんでおきたい。共通番号制度によって、年金、介護、医療その他福祉などの給付においては市民が権利を確実に行使できるとともに、税や保険料などの市民の負担をより正確・確実に把握・賦課することができ、納付・徴収事務の公平性や能率性をたかめることなる。また、これによって、従来の対面による本人の確認、当事者の届出にもとづく紙台帳処理および当事者の申請があるときに限り手続を開始する申請主義にもとづく日本の行政シ

ステムを転換していく道がひらける。内閣は、2012年の第180回国会に「行政手続における特定の個人を識別するための番号の利用等に関する法律案」(マイナンバー法案)を提出していたが、同年11月16日の衆議院の解散にともない廃案となった。新政権のもとで早期の提案・成立を期待したい。

第5章　計画行政と
　　　　借金の返済・施設の更新

自治体は、財政環境がきびしくなればなるほど税金のムダづかいにならないよう総合的で計画的な行政を必要とする。また、自治体が当面するおおきな中長期の課題として莫大な借金返済と公共施設の老朽化への対応がある。

1　計画行政の貫徹

(1)　政策基軸の自治体計画

①　自治体計画の重要性

　自治体では、市民参加のもとで地域特性をいかして策定した自治体総合計画を基軸として政策を展開することがますます重要になっている。

　自治体は、時の首長の市民うけをねらった思いつき政策やパフオーマンスの政治をおこなっていては、財政の破綻を加速させるだけである。自治体は、山積する政策課題と逼迫する財政状況のもとにおいて、もはや「あれも・これも」の政策の量的拡大をできるはずもなく、「あれか・これか」のきびしい政策選択と絞りこみをはかっていかなければならない。一部に、カネがないのに計画をつくっても無意味だとの意見があるが、それは誤りというべきである。財源に限界があるからこそ、必要性→必要度と緊急性→緊急度を基準にして厳格に政策選択された自治体計画にもとづく政策実施がますます重要性をましている。

②　自治体総合計画の構成

　自治体総合計画は、長期総合計画としての基本構想・基本計画と実施計画とからなっている。基本構想および基本計画は一体的に策定されるべきもので、基本構想は基本計画を集約したものである。長期総合計画の構成は、**図21**のとおり、10年間程度を計画期間とし、前期と後期の5年に分けて、前期を基本計画の実施計画、後期を基本計画の展望計画とする。これを長・議員の任期にあわせて4年ごとに見直しをすることが望ましい。

　また、近年、福祉分野をはじめとしておおくの個別計画が策定されている

図21　自治体総合計画の構成

基本構想（10年間）	
基本計画	
実施計画（5年間）	展望計画（5年間）
実施計画を長・議員の任期にあわせ4年目に見直し、5年目を切り捨てて、次の5年の実施計画をつくる。8年目にあたらしい長期・総合の基本計画をつくる。	

が、長期総合計画との整合性がはかられなければならない。なお、地方自治法の一部改正により基本構想の議会議決条項が削除されたが、長期総合計画の策定と重要な改定については条例にもとづき議会の議決を要するものとすべきであろう。

(2) 自治体計画と法務・財務

　自治体計画は、公共課題の解決策である政策を総合化・体系化したものであるが、いくら立派な計画書をつくったとしても、それだけでは「絵に描いた餅」である。

　政策は、具体的に実現されることによって意味をもち、市民にとって価値あるものとなる。自治体計画にかかげられた政策を実現するためには、権限と財源を必要とする。その権限を法的に裏づけるものとして法務があり、財源を裏づけるものとして財務があるが、その法務・財務は、政策法務・政策財務でなければならない。

　政策法務は、自治体政策を実現するために、条例制定などの自治立法権と法令の自治解釈権の行使・活用を中心として、争訟への積極的な対応および国法の不備・欠陥の是正をもとめることもふくむ。とくに、条例については、

自治体が政策を実現するために、みずからの権限（禁止、制限など）と財源（税、保険料、使用料など）を生みだすことに注目したい。また、自治体は、自立した政府として、自治立法権を積極的に活用して、「政策条例」の制定に挑むべきである。

政策財務では、政策の選択をめぐる財源のヤリクリ・配分を「財務」とし、財務を政策実現の手法としてとらえ、「まず政策ありき」の政策先行型の考え方である。それゆえに、政策財務では、歳入歳出予算について、各年度において実施すべき政策を金額であらわしたものであると定義する。つまり、歳入歳出予算は、各年度において実施すべき政策を事業レベルで網羅し、その事業の必要経費を歳出予算にくみ、必要な財源を歳入予算に見込んだものなのである。これにたいして、従来の「財政」は、「まずカネありき」の収入先行型の考え方で、政策の選択を後回しにする。

自治体には、政策先行型の政策法務と政策財務の考え方にもとづいて、行政・財政を運営することがもとめられる。このようにして、自治体は、**図22**のように、自治体計画を基軸として、政策法務と政策財務をいわば車の両輪として政策の展開をはかっていかなければならない。

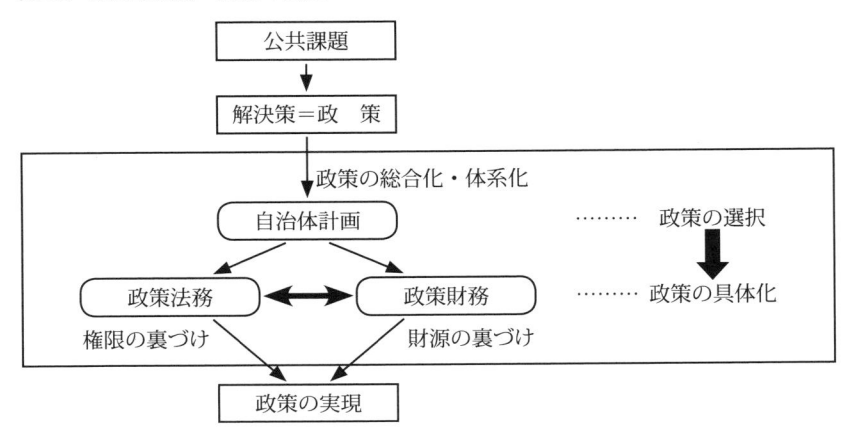

図22　政策と法務・財務の関連

(3) 財務条例の制定

　自治体財務にかんしては、地方自治法を中心とした「規律密度の高い法令」により広範かつ細部にわたって規定がもうけられている。そのため、自治体財務にかんする条例の制定は、地方自治法にもとづく全国一律の「財政状況の公表に関する条例」ぐらいで、きわめて貧弱なものである。そこで、政策法務・政策財務の具体的な展開として、破綻状況にある自治体の財政規律を回復し、健全財政を維持し、さらに積極的な財務運営のための条例の制定がのぞまれる。岐阜県・多治見市の「多治見市健全な財政に関する条例」を嚆矢（こうし）として、いくつかの自治体で「財政運営基本条例」制定されるようになっているが、この動きをひろめていきたい。この条例の制定では、既存の財務にかんする条例や規則の見直しをおこなって、財務の基本的事項を盛りこむようにすべきである。

　また、学校給食費は、ほとんどの自治体で学校ごとに「私会計」により処理してきているが、これを、首長による徴収や額を条例にさだめて、「公会計」化する動きがでてきている（例：福岡市、横浜市など）。公会計化は、一切の収入・支出はすべて歳入歳出予算に編入しなければならないという総計予算主義の原則にかない、給食費を一体管理することによって、学校給食事務の透明性の向上や徴収事務の能率化をはかり、未納・滞納問題へも対処しやすくなる。

2　借金の返済と基金の積み増し

(1)　地方債の発行抑制

　自治体の長期借入金である地方債の残高は莫大な金額になる。この元利償還金である公債費は、義務的経費として自治体財政の硬直化をもたらすばかりでなく、次代の納税者市民の負担ともなる。そこで、まずは一般財源が不足するからといって安易に地方債にたよることをさけなければならない。地方債の新規発行は、後年度負担となることが真に必要かどうかを徹底的に吟味する必要がある。道路、橋、学校、ごみ処理施設などの市民生活に必要不可欠であり、しかも次世代も利用し便益をうけることが明らかで一定の負担を求めることが公平につながるような場合に限定すべきである。

(2)　地方債残高の軽減

　莫大な地方債残高については、その負担をできる限り早期に軽減するようにしなければならない。そのために繰上償還や低利な融資への借り換えをおこなうべきである。毎年度、地方債元利償還金の利子だけで2兆円をこしている（**表1参照**）。また、2010年度の地方債の利率別内訳をみると、市町村・都道府県合計で、利率1.5％以下52.4％、2.0％以下34.6％、2.5％以下7.6％などとなっている（地方財政白書）。今日のひくい利率がたかくなるときには、さらに金額がふえるため早期に償還することが急務である。

(3) 基金の積み増し

自治体は、1990年度以降、地方税の減収を補うために、それまでに積みたててきた各種基金をとりくずして、予算編成をおこなってきた。その結果、おおくの自治体では、基金残高が減少し、柔軟な財政運営に支障を生じかねない状況に立ちいたっている。今後、借入金の償還や老朽化した公共施設の更新・保全などに膨大の経費を必要とするので、その備えもしなければならない。そのため、基金の計画的な積みましをする必要もある。予算執行の段階においても、ムダを徹底的にはぶき、残額を積み立てにまわすようにすべきである。

3　公共施設の老朽化対策

(1) 保全・再配置計画の策定

自治体では、公共施設の建て替えや大改修の時代をむかえ、その保有や管理運営する公共施設全体の正確な実態の把握・分析と対策が重要課題になってきている。その第一歩は、竣工年、延床面積、配置状況、利用者数、維持管理費、老朽度合いなどと更新コストの試算をあきらかにした「公共施設白書」の作成・公開である。つぎには、この施設白書を活用しての大規模・中規模改修を中心とした公共施設の改修・保全計画の策定・公開と公共施設の再配置計画の策定・公開である。この再配置計画の策定では、適正配置のもとに、廃止、縮小、統合、機能転換（多目的複合化など）、民間施設での代替、既存施設をふくめた市民・地域団体の自主管理・運営などのあらゆる可能な方法をとりいれていかなければならない。この改修・保全計画と再配置計画

の策定には、当然のことながら市民参加を欠かすことができない。

(2) むずかしい財源確保

　ハコモノの公共施設の建て替えや改修だけでも膨大な経費がかかるが、これに道路、橋などのインフラの保全の多額な経費がくわわる。この経費の財源として、国庫補助金や一般財源をあてるとしても、それだけでは到底まかないきれず、地方債を発行せざるをえないであろう。地方債の元利償還につとめた結果、地方債現在高が減少傾向のあるが、公共施設やインフラの更新のために再び地方債残高をふやす要因になる。これらの経費の財源を確保するために、改修・保全計画にあわせた基金の積立ても必要となる。

終章　行政体制の再編・再構築

　自治体は、市民の信託にもとづいて、質のたかい行政をおこなっていかなければならない。そのために、組織機構の再編と職員体制の強化がはかられなければならない。

1　組織機構の再編成

(1)　政策推進の組織機構

　自治体の組織機構は、肥大化傾向にあるが、自治体計画の推進を中心にすえて、簡素・効率的なものにしていかなければならない。組織機構の改革は、行政改革の重要な一環であるが、この分野は行政内部だけで見直しがおこなわれ、外部からの見直し参加が敬遠されがちである。これでは、思いきった組織機構のスリム化と再編は無理というべきであり、市民の意見や研究者の知見をとりいれるべきである。その際、見直すべき事項として、行政委員会の存在、とくに教育委員会と首長部局との関係である。教育委員会については、廃止論もあるが、当面、学校教育に特化し、以前からとなえられているように「社会教育」部門は首長部局に移行し、文化行政としておこなってはどうであろうか。

　また、基礎自治体では、福祉・保健分野の事務がおおくなって、組織的に細分化の傾向がある。しかし、保健・福祉・医療の連携や総合的な行政をおこなうには、部単位での統合がのぞましい。

(2)　法務・財務の専担組織

　さらに、自治体計画を基軸として政策法務と政策財務を積極的に展開し、行政水準をたかめるために、企画部門と密接な連携のとれる法務室や財務室など独立した専担組織を立ちあげる必要性もたかまっている。法務室では、既に先駆例もあり、自治基本条例の制定・運用、自治体法（条例・規則）の体系化、政策条例案の審査（政策法務委員会の設置）、先進的条例や重要判

例などの紹介、政策法務研修・講習会などを担当とする。小規模の市町村の場合には、町村会での法務支援の事例もあり、法務室の共同設置も考えられる。

　財務室では、長期借入金の返済計画をふくめた長期的な財務計画（10年から15年間）の策定・推進や予算・決算手法改革の企画・調整、さらに公共施設とインフラの保全・更新計画の策定・推進などを任務とすることが考えられる。

2　職員人材の確保・育成

(1)　職員の地位と基本的役割

　自治体職員は、市民から自治権の行使を信託された市民の代表機構である首長の補助職員としての地位にある。これが、地方自治法の「普通地方公共団体の長」の「補助機関である職員」の意味である。自治体職員は、少数精鋭主義により、基本的には、市民参加と職員参加のもとに、政策・計画づくりの中心的な役割をになうプランナー、自治体政策を実現する手立てを講じる役割をになうプロジューサーおよび政策が円滑・効果的に実施できるよう内部部局や外部の関係機関・団体などとの総合的な調整役をになうコーディネーターの3つの役割に徹するようにすべきである。

(2)　求められる職員人材

　今、期待される職員人材は、他律的・受動的で、横並び思考、指示待ち態度、大過なき主義にもとづく管理型・体制順応型職員でなく、自律的・積極的で、主体的思考、能動的態度、試行錯誤主義にもとづく政策思考型・改革

型職員である。それには、職員がいい古された「意識改革」の次元にとどまることなく、「行動改革」をともなわなければならない。行動改革とは、意識改革を実際の行動にうつし、具体的に実践することである。「公務員非難（職員バッシング）」にたいしては、職員ひとりひとりが"人財"となって、市民の信託にもとづく仕事でこたえるほかない。

(3) 人材の確保・育成

　自治体の政策水準は、政策力をもった職員層の厚さによってきまり、職員人材のいる自治体は、水準のたかい政策を立案し、実施することができる。
　自治体は、行政の複雑・高度化、ＩＴによる技術革新などがすすむなかで、従来の労務・書記型職員による人海戦術はもはや通用しないのであって、政策思考型の少数精鋭主義にもとづいて人材を確保・育成していく必要がある。また、行政の高度化や技術革新などに対応するためには、法務、財務、福祉、環境、都市計画、コンピュータなどの分野には専門的な知識・技術をもった職員を配置する必要もある。
　人材確保の職員採用試験では、筆記試験を一括して外部、とくに中央官僚出身者中心の団体に委託し、学力「優等生」だけを合格させるのではなく、各自治体は、独自試験をやり、それぞれが必要とする人材を採用するようにすべきであろう。また、内部育成が困難な職種については、外部から熟達した技能をもつ職員の途中採用も不可欠である。
　なお、いわゆるコネ採用をしている自治体は、市民の税金を食いつぶしていることを自覚すべきである。
　採用後における人材育成では、まず、自治体内の独自研修と研修所などの外部研修の役割分担をふくめて体系的で効果的な研修を実施することである。とくに、独自研修では、個別自治体ならではの創意工夫をこらすことが重要である。つぎに、最大の研修となるのがひろく自治体現場の実務経験をつめる人事異動をおこなうことである。だだ、人事異動のサイクルは、若

手・中堅の職員については3～4年程度でよいとして、係長職以上については責任をもって仕事を継続させるために部署によっては長期の配置がのぞましい。

また、昇任・昇格においては、実力本位の思いきった抜擢人事も積極的におこなっていく必要がある。なお、自治体では、"立派な"人材育成計画がつくられているが、組織機構の改革と同様に市民の意見や研究者の知見をどの位とりいれているのだろうか。

3 都区制度の「改革」

大阪「都」構想は、全国共通の問題として自治制度や財政におおきくかわるので、若干の意見をのべておきたい。

(1) 歴史に逆行

大阪「都」構想は、東京都区制度をモデルにしているようである。ところで、東京都区制度は、第2次世界大戦中の戦時法令により設置され、大戦後もそれを手直したうえで承継したものである。戦後における東京都区制度の歴史は、「特別地方公共団体」である特別区（23区）をいかに基礎自治体としていくかということが中心的な課題であった。特別区の基本的な性格は、「大都市行政の一体性および統一性の確保」の名のもとに、東京都の「内部団体」とされてきたが、2000年分権改革で法形式では「基礎的な地方公共団体」になった。だが、それにもかかわらず、基礎自治体の事務である上下水道や消防などの事務権限は都にあり、市町村の基幹財源である法人住民税、固定資産税および都市計画税は都税とされている。区長・議員の公選制はとられているものの、肝心な権限・財源面からみて完全な基礎自治体とはいえ

ない。したがって、大阪の「都」構想が、東京都区制度をモデルとするものであれば、歴史に逆行するのではないか。

(2) 優先すべき借金返済

　今、全国の自治体にとって、累積している地方債残高をへらすことが緊急課題となっている。大阪府と大阪市においても、それぞれがみずからの借金をへらすことを先行させるべきではないか。ちなみに、2010年度決算状況（決算カード）によれば、2010年度の経常収支比率は、臨時財政対策債などを基準財政収入額（分母）からのぞいて大阪府が114.6％、大阪市が112.5％となっており、地方債現在高では、大阪府が5兆2,439億8千万円、大阪市が2兆7,704億8千万円の巨額になっている。一方、積立金現在高では、年度間の財源の不均衡を調整するための財政調整基金が大阪府1,350億7千万円、大阪市なし、また、地方債の元利償還の財源を確保するための減債基金現在高が大阪府252億3千万円、大阪市372億円にすぎない。このような状況下においては何よりも優先すべきは、それぞれが長期借入金をへらし、その後に必要があればあらためて都区制度問題をとりあげてよいのではないか。

おわりに

　自治体が財政破綻にむかっているとした理由はつぎのように要約できる。
　第一は、今、国と自治体であわせて、返しきれないほどの莫大な借金が累積しており、企業であれば倒産、個人であれば自己破産で清算するほかにないような状況にある。
　第二に、個人にあっては、所得の減少や低賃金の非正規労働者の増大によって税の負担能力もひくくなっている。また、企業にあっては、規制緩和や経済のグローバル化によるはげしい競争にさらされ税負担には限りがある。今後も生産年齢人口の減少もあって、かつての経済高度成長期におけるような税の自然増収はのぞむべくもない。
　第三に、日本は、どこの国も経験したことのない急激な少子高齢社会と長寿社会にはいり、現役世代も減少してくる。介護、医療、年金、生活保護などの社会保障関係経費が急増している一方で、社会・経済の中心的な担い手がへってくる。
　第四に、高度経済成長期に集中的に整備された公共施設や都市インフラの老朽化が急速にすすみ、改修・補修や建て替えに巨額の経費がかかり、その財源の確保に困難をきわめる。これにくわえて、東日本大震災をうけて、地震、津波などの自然災害への対策も緊急課題となっている。
　自治体・国は、これらの緊急課題に真正面から取り組んでいかなければならないが、自治体にあっては、自治・分権社会のもとで、主権者である市民の参加を徹底して、政治・行政をおこなう必要がある。市民参加は、今や常識となっているが、その前提条件が政策にかんする行政情報の公開である。自治体や国の情報公開は、情報公開制度の定着やホームページの開設・拡充によって飛躍的にすすんでいる。たとえば、本書の執筆でも実感したことであるが、自治体や国の計画書、予算決算資料、各種の統計調査結果などはホームページを開くことによって即座にみることができる。しかし、自治体、国

とも情報公開の範囲や仕方がまちまちであり、とうてい十分なもととはいえない。そもそも一般市民には自治体がどのような情報を保有しているかも分からないのであり、自治体には先駆例も参考にして情報公開の拡充が望まれる。また、国の省庁のホームページは、決算統計や職員の定員・給与情報などについては自治体に先行しているが、省庁タテ割りで検索に難渋する。自治体・国とも、たとえ不都合な情報でも、とくに政策にかかわる実態を知ることのできる情報をひろく公開することを望んでおきたい。

【著者紹介】

加藤　良重（かとう・よししげ）

明治大学法学部卒業。福祉保健部長を最後に小金井市職員を定年退職。その後、東京都市町村職員研修所特別講師、法政大学法学部・現代福祉学部兼任講師、拓殖大学政経学部非常勤講師などを歴任。現在、自治体審議会等委員、自治体職員等研修講師など

［著　書］

『なぜ自治体職員にきびしい法遵守が求められるのか』『自治体政府の福祉政策』、『政策財務と地方政府』、『自治体も「倒産」する』(以上、公人の友社)、『自治体政策と訴訟法務』(共編著・学陽書房)、『政策法務と自治体』(共編著・日本評論社) など

イラスト：渡邊　勇貴

自治体〈危機〉叢書
自治体財政破綻の危機・管理

2013年2月10日　初版発行

　　　　著　者　　加藤　良重
　　　　発行人　　武内　英晴
　　　　発行所　　公人の友社
　　　　　　　　　〒112-0002　東京都文京区小石川5−26−8
　　　　　　　　　ＴＥＬ 03−3811−5701
　　　　　　　　　ＦＡＸ 03−3811−5795
　　　　　　　　　Ｅメール info@koujinnotomo.com
　　　　　　　　　http://koujinnotomo.com/
　　　　印刷所　　倉敷印刷株式会社
　　　　　　　　　ISBN978-4-87555-615-2

新シリーズ
自治体〈危機〉叢書
刊行開始！

自治体財政破綻の危機・管理
加藤良重 著　Ａ５判　定価 1,470 円

政策転換への新シナリオ
小口進一 著　Ａ５判　定価 1,575 円

【刊行予定】
自治体連携（お互い様）と『受援力』（仮）　神谷秀之　4月末刊行予定
自治体職員は絶滅危惧種か？（仮）　天野巡一　4月末刊行予定
介護保険制度の弱みと強み（仮）　鏡　諭　4月末刊行予定

好評発売中！

成熟と洗練
日本再構築ノート
著
松下圭一
（法政大学名誉教授）

巨大借金、人口高齢化で「沈没」しつつある日本の政治・行政・経済・文化の構造再編をめざす〈市民政治〉、〈自治体改革〉、〈国会内閣制〉への展望をやさしく語る。あわせて半世紀以上つづいた自民党政治に同化したマスコミの《自民党史観》体質を鋭く批判する。

この本は、2006年からポツポツ、若い友人たちとの議論に触発されながら、対話をまじえて、私自身の考え方をつづったものである。日本の「戦後」全体に話がおよんでいるので、若い世代の方々に、ぜひ目を通していただきたいと考えている。
（まえがきより）

四六判・定価 2,625 円

国立景観訴訟
自治が裁かれる
編著
五十嵐敬喜
（法政大学教授・弁護士）
上原公子
（元国立市長）

政治家が信念を持って行った「政策変更」で個人責任を問われるならば、この国に政治家はいなくなってしまう！

元国立市長・上原公子が「明和マンション」をめぐる景観訴訟に関連し、国立市に損害を与えたとして約 3000 万円の賠償請求で訴えられている。なぜ上原は訴えられなければならないのか。本書はその原因を総合的に分析・検討する。
（はしがきより）

Ａ５判・定価 2,940 円

[都市政策フォーラムブックレット]

No.1 「新しい公共」と新たな支合いの創造へ
渡辺幸子・首都大学東京教養学部都市政策コース
900円（品切れ）

No.2 景観形成とまちづくり
首都大学東京 都市教養学部都市政策コース 1,000円

No.3 都市の活性化とまちづくり
首都大学東京 都市教養学部都市政策コース 1,100円

[朝日カルチャーセンター地方自治講座ブックレット]

No.1 自治体経営と政策評価
山本清 1,000円

No.2 ガバメント・ガバナンスと行政評価
星野芳昭 1,000円（品切れ）

No.4 「政策法務」は地方自治の柱づくり
辻山幸宣 1,000円

No.5 政策法務がゆく
北村善宣 1,000円

[政策・法務基礎シリーズ]

No.1 自治立法の基礎
東京都市町村職員研修所 600円（品切れ）

No.2 政策法務の基礎
東京都市町村職員研修所 952円

[北海道自治研ブックレット]

No.1 市民・自治体・政治再論－人間型としての市民
松下圭一 1,200円

No.2 議会基本条例の展開
その後の栗山町議会を検証する
橋場利勝・中尾修・神原勝 1,200円

No.3 福島町の議会改革
議会基本条例＝開かれた議会づくりの集大成
溝部幸基・石堂一志・中尾修・神原勝 1,200円

[地方財政史]
高寄昇三著 各5,000円

大正地方財政史・上巻
大正デモクラシーと地方財政

大正地方財政史・下巻
政党化と地域経営
都市計画と震災復興

昭和地方財政史・第一巻
地域格差と両税委譲
分与税と財政調整

昭和地方財政史・第二巻
補助金の成熟と変貌
匡救事業と戦時財政

[私たちの世界遺産]

No.1 持続可能な美しい地域づくり
五十嵐敬喜他 1,905円

No.2 地域価値の普遍性とは
五十嵐敬喜・西村幸夫 1,800円

No.3 世界遺産登録・最新事情
長崎・南アルプス
五十嵐敬喜・西村幸夫 1,800円

No.4 新しい世界遺産の登場
南アルプス［自然遺産］九州・山口［近代化遺産］
五十嵐敬喜・西村幸夫・岩槻邦男
松浦晃一郎 2,000円

［別冊］No.1 ユネスコ憲章と平泉・中尊寺
供養願文
五十嵐敬喜・佐藤弘弥 1,200円

［別冊］No.2 平泉から鎌倉へ
鎌倉は世界遺産になれるか?!
五十嵐敬喜・佐藤弘弥 1,800円

[地域ガバナンスシステム・シリーズ]
編：龍谷大学地域人材・公共政策開発システム・オープン・リサーチ・センター(LORC)…企画・編集

No.1 地域人材を育てる自治体研修改革
土山希美枝　900円

No.2 公共政策教育と認証評価システム
坂本勝　1,100円

No.3 暮らしに根ざした心地よいまち
編：龍谷大学地域人材・公共政策開発システム・オープン・リサーチ・センター(LORC)　1,100円

No.4 持続可能な都市自治体づくりのためのガイドブック
編：龍谷大学地域人材・公共政策開発システム・オープン・リサーチ・センター(LORC)　1,100円

No.5 英国における地域戦略パートナーシップ
編：白石克孝、監訳：的場信敬　900円

No.6 マーケットと地域をつなぐパートナーシップ
編：白石克孝、著：園田正彦　1,000円

No.7 政府・地方自治体と市民社会の戦略的連携
的場信敬　1,000円

No.8 多治見モデル
大矢野修　1,400円

No.9 市民と自治体の協働研修ハンドブック
土山希美枝　1,600円

No.10 行政学修士教育と人材育成
坂本勝　1,100円

No.11 アメリカ公共政策大学院の認証評価システムと評価基準
早田幸政　1,200円

No.8 持続可能な地域社会のデザイン
植田和弘　1,000円

No.9 「政策財務」の考え方
加藤良重　1,000円

No.10 市場化テストをいかに導入するべきか
竹下譲　1,000円

No.11 市場と向き合う自治体
小西砂千夫・稲澤克祐　1,000円

No.12 イギリスの資格履修制度を通しての公共人材育成
小山善彦　1,200円

No.14 地域の生存と農業知財
澁澤栄・福井隆・重藤真之　1,000円

No.15 炭を使った農業と地域社会の再生
市民が参加する地球温暖化対策
井上芳恵　1,400円

No.16 「質問力」からはじめる自治体議会改革
土山希美枝・村田和代・深尾昌峰　1,200円

[生存科学シリーズ]

No.2 再生可能エネルギーで地域がかがやく
秋澤淳・長坂研・小林久　1,100円

No.3 小水力発電を地域の力で
小林久・戸川裕昭・堀尾正靱　1,400円

No.4 地域の生存と社会的企業
柏雅之・白石克孝・重藤さわ子　1,200円

No.5 地域の生存と農業知財
澁澤栄・福井隆・正林真之　1,000円

No.6 風の人・土の人
千賀裕太郎・白石克孝・柏雅之・福井隆・飯島博・曽根原久司・関原剛　1,400円

No.7 地域からエネルギーを引き出せ！
PEGASUSハンドブック（環境エネルギー設計ツール）
監修：堀尾正靱・白石克孝、著：重藤さわ子・定松功・土山希美枝　1,400円

No.8 地域分散エネルギーと「地域主体」の形成
風・水・光エネルギー時代の主役を作る
編：小林久・堀尾正靱、著：独立行政法人科学技術振興機構社会技術研究開発センター「地域に根ざした脱温暖化・環境共生社会」研究開発領域 地域分散電源等導入タスクフォース　1,400円

- No.74 分権は市民への権限委譲 上原公子 1,000円
- No.75 今、なぜ合併か 瀬戸亀男 800円
- No.76 市町村合併をめぐる状況分析 小西砂千夫 800円
- No.78 ポスト公共事業社会と自治体政策 五十嵐敬喜 800円
- No.80 自治体人事政策の改革 森啓 800円
- No.82 地域通貨と地域自治 西部忠 900円
- No.83 北海道経済の戦略と戦術 宮脇淳 800円
- No.84 地域おこしを考える視点 矢作弘 700円
- No.87 北海道行政基本条例論 神原勝 1,100円
- No.90 「協働」の思想と体制 森啓 800円
- No.91 協働のまちづくり 三鷹市の様々な取組みから 秋元政三 700円

- No.92 シビル・ミニマム再考 松下圭一 900円
- No.93 市町村合併の財政論 高木健二 800円
- No.95 市町村行政改革の方向性 佐藤克廣 800円
- No.96 創造都市と日本社会の再生 佐々木雅幸 900円
- No.97 地方政治の活性化と地域政策 山口二郎 800円
- No.98 多治見市の総合計画に基づく政策実行 西寺雅也 800円
- No.99 自治体の政策形成力 森啓 700円
- No.100 自治体再構築の市民戦略 松下圭一 900円
- No.101 維持可能な社会と自治体 宮本憲一 900円
- No.102 道州制の論点と北海道 佐藤克廣 1,000円
- No.103 自治基本条例の理論と方法 神原勝 1,100円

- No.104 働き方で地域を変える 山田眞知子 800円 (品切れ)
- No.107 公共をめぐる攻防 樽見弘紀 600円
- No.108 三位一体改革と自治体財政 岡本全勝・山本邦彦・北良治 1,000円
- No.109 連合自治の可能性を求めて 逢坂誠二・川村喜芳 1,000円
- No.110 「市町村合併」の次は「道州制」か 松岡市郎・堀則文・三本英司・佐藤克廣・砂川敏文・北良治他 1,000円
- No.111 コミュニティビジネスと建設帰農 森啓 900円
- No.112 「小さな政府」論とはなにか 松本懿・佐藤吉彦・橋場利夫・山北博明・飯野政一・神原勝 1,000円
- No.113 栗山町発・議会基本条例 橋場利勝・神原勝 1,200円
- No.114 北海道の先進事例に学ぶ 宮谷内留雄・安斎保・見野全・佐藤克廣・神原勝 1,000円

- No.115 地方分権改革の道筋 西尾勝 1,200円
- No.116 転換期における日本社会の可能性 宮本憲一 維持可能な内発的発展 1,100円

[TAJIMI CITY ブックレット]

- No.2 転型期の自治体計画づくり 松下圭一 1,000円
- No.3 これからの行政活動と財政 西尾勝 1,000円
- No.4 構造改革時代の手続的公正と第二次分権改革 鈴木庸夫 1,000円
- No.5 自治基本条例はなぜ必要か 辻山幸宣 1,000円
- No.6 自治のかたち、法務のすがた 天野巡一 1,100円
- No.7 自治体再構築における行政組織と職員の将来像 今井照 1,100円

[地方自治土曜講座ブックレット]

No.1 現代自治の条件と課題
神原勝 900円 (品切れ)

No.2 自治体の政策研究
森啓 600円 (品切れ)

No.10 自治体デモクラシーと政策形成
山口二郎 500円 (品切れ)

No.22 地方分権推進委員会勧告とこれからの地方自治
西尾勝 500円 (品切れ)

No.26 地方分権と地方財政
横山純一 600円 (品切れ)

No.27 比較してみる地方自治
田口晃・山口二郎 600円 (品切れ)

No.28 議会改革とまちづくり
森啓 400円 (品切れ)

No.33 ローカルデモクラシーの統治能力
山口二郎 400円 (品切れ)

No.34 政策立案過程への戦略計画手法の導入
佐藤克廣 500円 (品切れ)

No.39 「近代」の構造転換と新しい「市民社会」への展望
篠原一 1,000円

No.41 少子高齢社会の自治体の福祉
今井弘道 500円

No.42 自治体の政策法務
加藤良重 400円

No.43 改革の主体は現場にあり
山田孝夫 900円

No.44 公共政策と住民参加
宮本憲一 1,100円

No.45 農業を基軸としたまちづくり
小林康雄 800円

No.46 これからの北海道農業とまちづくり
篠田久雄 800円

No.47 自治の中に自治を求めて
佐藤守 1,000円

No.48 介護保険は何をかえるのか
池田省三 1,100円

No.49 介護保険と広域連合
大西幸雄 1,000円

No.50 自治体職員の政策水準
森啓 1,100円

No.51 分権型社会と条例づくり
佐藤克廣 1,000円

No.52 自治体における政策評価の課題
篠原一 1,000円

No.53 小さな町の議員と自治体
室埼正之 900円

No.55 改正地方自治法とアカウンタビリティ
鈴木庸夫 1,200円

No.56 財政運営と公会計制度
宮脇淳 1,100円

No.57 自治体職員の意識改革を如何にして進めるか
林嘉男 1,000円 (品切れ)

No.59 環境自治体とISO
畠山武道 700円

No.60 転型期自治体の発想と手法
松下圭一 900円

No.61 分権の可能性 スコットランドと北海道
山口二郎 600円

No.62 機能重視型政策の分析過程と財務情報
宮脇淳 800円

No.63 自治体の広域連携
佐藤克廣 900円

No.64 分権時代における地域経営
見野全 700円

No.65 町村合併は住民自治の区域の変更である
森啓 800円

No.66 自治体学のすすめ
田村明 900円

No.67 市民・行政・議会のパートナーシップを目指して
松山哲男 700円

No.69 新地方自治法と自治体の自立
井川博 900円

No.70 分権型社会の地方財政
神野直彦 1,000円

No.71 自然と共生した町づくり 宮崎県・綾町
森山喜代香 700円

No.72 情報共有と自治体改革
片山健也 1,000円

No.73 地域民主主義の活性化と自治体改革
山口二郎 900円

No.38 まちづくりの新たな潮流
山梨学院大学行政研究センター 1,200円

No.39 ディスカッション三重の改革
中村征之・大森彌 1,200円

No.40 政務調査費
宮沢昭夫 1,200円

No.41 市民自治の制度開発の課題
山梨学院大学行政研究センター 1,200円

No.42 《改訂版》自治体破たん・「夕張ショック」の本質
橋本行史 1,200円

No.43 分権改革と政治改革
西尾勝 1,200円

No.44 自治体人材育成の着眼点
浦野秀一・井澤壽美子・野田邦弘・西村浩・三関浩司・杉谷戸知也・坂口正治・田中富雄 1,200円

No.45 シンポジウム障害と人権
橋本宏子・森田明・湯浅和恵・池原毅和・青木九馬・澤静子・佐々木久美子 1,400円

No.46 地方財政健全化法で財政破綻は阻止できるか
高寄昇三 1,200円

No.47 地方政府と政策法務
加藤良重 1,200円

No.48 政策財務と地方政府
加藤良重 1,400円

No.49 政令指定都市がめざすもの
高寄昇三 1,400円

No.50 良心的裁判員拒否と責任ある参加
市民社会の中の裁判員制度
大城聡 1,000円

No.51 討議する議会
自治体議会学の構築をめざして
江藤俊昭 1,200円

No.52【増補版】大阪都構想と橋下政治の検証
府県集権主義への批判
高寄昇三 1,200円

No.53 虚構・大阪都構想への反論
橋下ポピュリズムと都市主権の対決
高寄昇三 1,200円

No.54 大阪市存続・大阪都粉砕の戦略
大阪政治とポピュリズム
高寄昇三 1,200円

No.55「大阪都構想」を越えて
問われる日本の民主主義と地方自治
(社)大阪自治体問題研究所 1,200円

No.56 翼賛議会型政治・地方民主主義への脅威
地域政党と地方マニフェスト
高寄昇三 1,200円

No.57 なぜ自治体職員にきびしい法遵守が求められるのか
加藤良重 1,200円

No.58 東京都区制度の歴史と課題
都区制度問題の考え方
栗原利美、編：米倉克良 1,400円

No.59 七ヶ浜町（宮城県）で考える「震災復興計画」と住民自治
編著：自治体学会東北YP 1,400円

［福島大学ブックレット『21世紀の市民講座』］

No.1 外国人労働者と地域社会の未来
著：桑原靖夫・香川孝三、編：坂本惠 900円

No.2 自治体政策研究ノート
今井照 900円

No.3 住民による「まちづくり」の作法
今西一男 1,000円

No.4 格差・貧困社会における市民の権利擁護
金子勝 900円

No.5 法学の考え方・学び方
イェーリングにおける「秤」と「剣」
富田哲 900円

No.6 今なぜ権利擁護か
ネットワークの重要性
高野範城・新村繁文 1,000円

No.7 小規模自治体の可能性を探る
保母武彦・菅野典雄・佐藤力・竹内是俊・松野光伸 1,000円

No.8 小規模自治体の生きる道
連合自治の構築をめざして
神原勝 900円

No.9 文化資産としての美術館利用
地域の教育・文化的生活に資する方法研究と実践
辻みどり・田村奈保子・真歩仁しょうにん 900円

[地方自治ジャーナルブックレット]

No.1 水戸芸術館の実験
森啓 1,166円

No.2 政策課題研究研修マニュアル
首都圏政策研究・研修研究会 1,359円 （品切れ）

No.3 使い捨ての熱帯雨林
熱帯雨林保護法律家ネットワーク 971円 （品切れ）

No.4 自治体職員世直し志士論
童門冬二・村瀬誠 971円 （品切れ）

No.5 行政と企業は文化支援で何ができるか
日本文化行政研究会 （品切れ）

No.6 まちづくりの主人公は誰だ
浦野秀一 1,165円 （品切れ）

No.7 パブリックアート入門
竹田直樹 1,166円 （品切れ）

No.8 市民的公共性と自治
今井照 1,166円 （品切れ）

No.9 ボランティアを始める前に
佐野章二 777円

No.10 自治体職員の能力
自治体職員能力研究会 971円

No.11 パブリックアートは幸せか
山岡義典 1,166円 （品切れ）

No.12 市民が担う自治体公務
ハーバード公務員論研究会 1,166円 （品切れ）

No.13 行政改革を考える
山梨学院大学行政研究センター 1,166円 （品切れ）

No.14 上流文化圏からの挑戦
山梨学院大学行政研究センター 1,166円

No.15 市民自治と直接民主制
高寄昇三 951円

No.16 議会と議員立法
上田章・五十嵐敬喜 1,600円

No.17 分権段階の自治体と政策法務
山梨学院大学行政研究センター 1,456円

No.18 地方分権と補助金改革
高寄昇三 1,200円

No.19 分権化時代の広域行政のあり方
山梨学院大学行政研究センター 1,200円

No.20 あなたの町の学級編成と地方分権
田嶋義介 1,200円

No.21 自治体も倒産する
加藤良重 1,000円 （品切れ）

No.22 ボランティア活動の進展と自治体の役割
山梨学院大学行政研究センター 1,200円

No.23 新版 2時間で学べる「介護保険」
加藤良重 800円

No.24 男女平等社会の実現と自治体の役割
山梨学院大学行政研究センター 1,200円

No.25 市民がつくる東京の環境・公害条例
市民案をつくる会 1,000円

No.26 東京都の「外形標準課税」はなぜ正当なのか
青木宗明・神田誠司 1,000円

No.27 少子高齢化社会における福祉のあり方
山梨学院大学行政研究センター 1,200円

No.28 財政再建団体
橋本行史 1,000円

No.29 交付税の解体と再編成
高寄昇三 1,000円

No.30 町村議会の活性化
山梨学院大学行政研究センター 1,200円

No.31 地方分権と法定外税
外川伸一 800円

No.32 東京都銀行税判決と課税自主権
高寄昇三 1,200円

No.33 都市型社会と防衛論争
松下圭一 900円

No.34 中心市街地の活性化に向けて
山梨学院大学行政研究センター 1,200円

No.35 自治体企業会計導入の戦略
高寄昇三 1,100円

No.36 行政基本条例の理論と実際
神原勝・佐藤克廣・辻道雅宣 1,100円

No.37 市民文化と自治体文化戦略
松下圭一 800円

「官治・集権」から
「自治・分権」へ

市民・自治体職員・研究者のための
自治・分権テキストシリーズ

《出版図書目録 2013.1》

公人の友社

〒120-0002　東京都文京区小石川 5-26-8
TEL　03-3811-5701
FAX　03-3811-5795
mail　info@koujinnotomo.com

● ご注文はお近くの書店へ
　小社の本は、書店で取り寄せることができます。「公人の友社の『○○○○』を取り寄せてください」とお申し込みください。5日おそくとも10日以内にお手元に届きます。
● 直接ご注文の場合は
　電話・FAX・メールでお申し込み下さい。
　　TEL　03-3811-5701
　　FAX　03-3811-5795
　　mail　info@koujinnotomo.com

（送料は実費、価格は本体価格）